Hanna Buiting

Vom Warten, Wundern und Wenigeristmehr

24 mal Vorfreude im Advent

Illustrationen von Thomas Buiting

neukirchener

MIX
Papier aus verantwortungsvollen Quellen
FSC® C014496

Bibliografische Information der Deutschen Nationalbibliothek:
Die Deutsche Nationalbibliothek verzeichnet diese Publikation in der Deutschen Nationalbibliografie; detaillierte bibliografische Daten sind im Internet über http://dnb.d-nb.de abrufbar.

5. Auflage 2021

Umschlaggestaltung: Britta Rungwerth, Düsseldorf,
unter Verwendung zweier Abbildungen von
© iStockphoto.com/Gil-Design und © iStockphoto.com/flas100
Illustrationen: Thomas Buiting, Berlin
Lektorat: Rahel Dyck, Bonn
DTP: Breklumer Print-Service, www.breklumer-print-service.com
Verwendete Schrift: Sabon, Segoe Script
Gesamtherstellung: GGP Media GmbH, Pößneck
Printed in Germany
ISBN 978-3-7615-6209-3

www.neukirchener-verlage.de

„In Licht hüllst du dich wie ein Gewand,
den Himmel spannst du wie ein Zeltdach aus."

Psalm 104,2

Vor-Weihnachtswort

Willkommen! Im Advent. Schön, dass Du da bist.

In Liedern zur Weihnachtszeit heißt es: *„Es ist für uns eine Zeit angekommen“*, oder: *„Alle Jahre wieder“*, und im Lukasevangelium ist von *„jenen Tagen“* die Rede. Und es stimmt: Alle Jahre kehren jene Tage wieder, von denen man sagt, sie seien eine besondere Zeit. Weil sie voller Geheimnisse zu stecken scheint. Eine Zeit voller magischer Momente und voller Wunder.

Ich liebe den Advent. Für mich ist der Dezember der Monat der Sternstunden. Und weil ich Schönes gerne teile, gibt es dieses Buch. Für Dich.

Du. Das erinnert vielleicht ein bisschen an ein bekanntes schwedisches Möbelhaus und ist ganz absichtlich als Anrede gewählt. Weil ein DU persönlicher ist als ein SIE. Weil dieses Buch nicht förmliche Ratschläge geben soll, sondern begleiten. Und das geht am besten ganz persönlich. Ohne Distanz. DU bist gemeint.

Literatur vermag Bilder zu erzeugen, Geschmack und sogar Gerüche. Was den Advent ausmacht, habe ich versucht einzufangen. In 24 vorfreudigen Weihnachtsworten. Für jeden Tag eins. Ich möchte sie Dir mit auf den Weg geben, damit auch Du diese Zeit als etwas

Wundervolles erfährst, dem Geheimnis der Heiligen Nacht auf die Spur kommst und ein Stück himmlische Herrlichkeit in Deinem Alltag entdeckst – allem vermeintlichen Stress zum Trotz.

In diesem Buch findest Du Worte, die Dir hoffentlich besser schmecken als Pappkalender-Schokolade, und hinter denen sich Geschichten, Gedichte, Gedankenspiele und andere Überraschungen verbergen. Am Ende jedes Kapitels warten drei Vorschläge auf Dich. Doch keine Sorge: Sie sind nicht als weitere Punkte auf Deiner Advents-To-do-Liste gemeint, sondern als Ideen, warum gerade dieser Tag im Dezember ein besonderer für Dich werden könnte. Nicht umsonst lautet eine der Anregungen: *Streiche aus STRESS zwei S und mach was mit dem REST.*

Trau Dich, die Perspektive zu ändern und einen neuen Blick zu wagen. Vielleicht gelingt es Dir dann, den Advent nicht nur als eine hektische und erwartungsüberladene Zeit zu sehen und nach einem ausgiebigen Plätzchengenuss nicht direkt von Diätgedanken verfolgt zu werden.

Nicht für jeden sind diese Tage im Advent gleich hell. Auch dunkle Zeiten gehören dazu und auch sie finden ihren Platz in diesem Buch. Doch was am Ende steht, ist die Hoffnung auf Licht. Vielleicht in Form eines Sterns, der einen neuen Weg weist. Gegen jede Dunkelheit.

Und jetzt: Mache Dich auf. Und aus Wunde wird Wunder.

Eine lichtreiche Zeit für Dich!

Hanna Buiting

P.S. Vorsicht, dieses Buch kann Spuren von Sternen enthalten.

Inhaltsverzeichnis

1. Dezember – Anfang

Vorausdeutung

Das Jahr geht zur Neige
an der Schwelle der Zeit
stehen wir
und sehen zu
wie vergeht, was war
und kommt, was sein wird
über uns
das Tagewerk der Sterne
in ewiger Wiederkehr
und doch
jedes Mal
ein neuer Anfang

Den Anfang machen

Jedes Jahr am ersten Dezember suche ich einen neuen Kalender. Ich gehe in einen kleinen Buchladen oder ein Schreibwarengeschäft. Stöbere, rieche an den unbeschriebenen Seiten, die so gut nach Anfang duften. Streiche mit dem Zeigefinger über kostbare Einbände, wiege das Gewicht eines neuen Jahres in den Händen. Die Entscheidung für einen Kalender fällt nicht leicht. Schließlich soll er ein Jahr lang mein täglicher Begleiter sein. Nur im Urlaub bleibt er zu Hause. In Portugal, auf Kreta oder Ameland braucht man keine Uhrzeit und auch kein Datum.

Etwas mehr kosten darf er ruhig. Kein Buch halte ich so oft im Jahr in den Händen wie meinen Kalender, was vielleicht ein bisschen traurig ist, aber wahr.

Irgendwann finde ich, was ich suche. Klein genug für die Handtasche und so schön, dass ich Neujahr kaum erwarten kann.

Zu Hause sammle ich Worte und Bilder, Fotografien und Rezepte. Aus Zeitschriften und Magazinen schneide ich sie aus und klebe sie ein. Unsortiert. Einfach auf eine der zufällig aufgeschlagenen Seiten. Als Überraschung für mich selbst. Als Gedankenanstoß oder als Beweggrund für ein Lächeln. Warum nicht auch mal im Juni Kokosmakronen backen und sich im November über ein Foto von kristallklarem Meerwasser freuen? Schöne Worte stemple ich mit Farbe und Klecksen dazu. SEHNSUCHT. SOMMERANFANG. ALLERHEILIGEN. Geburtstage von Herzensmenschen trage ich mit blauer

Tinte und meinem Lieblingsfüller ein und vor jeden Namen male ich ein kleines Sternchen.

Schon jetzt weiß ich: Viele Termine werden hinzukommen und nicht alle werden von Geburtstagstorte gekrönt sein. Manchmal werde ich mir wünschen, die Seiten wären leerer und am Ende einer Woche bliebe mehr Zeit. Doch so ist es, das Leben. Und eigentlich war es am Ende eines Jahres doch immer so, dass ich dankbar war für reich gefüllte Tage, Stunden und Augenblicke. Woher kämen sonst Erinnerungen?

Der Anfang ist gemacht.
Das Jahr ist lang.
Und ein Geschenk an mich selbst.

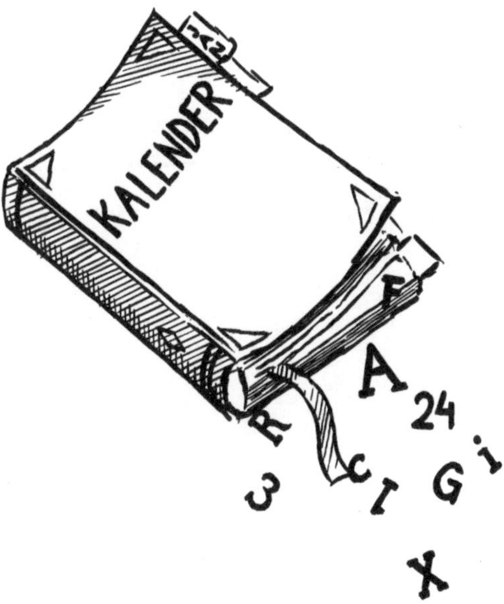

Für diesen Tag:

- Wenn Du eine Mutwaage hättest: Wie viel Wagemut würde sie anzeigen?
- Plane eine Reise. Vielleicht für das nächste Wochenende oder für das nächste Jahr. Bodensee, Småland, Vancouver. Es kann überall schön sein.
- Finde den Zauber, der jedem Anfang innewohnt.

2. Dezember – Gastfreundschaft

Herr Berge lädt ein

An der Fensterscheibe rann dichter Regen hinunter. Herr Berge lehnte sich in seinem Sessel zurück und blickte hinaus. In seinem Wohnzimmer brannte kein Licht. So konnte er besser sehen, was auf der Straße passierte. Jedes Mal, wenn ein Auto vorbei kam, wurde Herr Berges Wohnung in helles Scheinwerferlicht getaucht. Kurz darauf war es wieder dunkel. Herr Berge nahm einen Schluck von seinem Tee. Schwarz musste er sein und stark, fast wie Kaffee. Milch nahm er keine, ganz zu schweigen von Sahne oder Kandis. Herr Berge brauchte nicht viel zum Leben. Keinen Fernseher, keine teuren Möbel und keinen Besuch. Er war gern allein, sich selbst meist genug. Auf niemanden musste er Rücksicht nehmen.

Als es klingelte, zuckte er zusammen. Die alte Standuhr hatte vor ein paar Minuten acht Mal geschlagen. Herr Berge stand auf, ging zur Wohnungstür und betrachtete durch die Kamera, wer vor der Tür stand. Erst vor Kurzem hatte die Hausverwaltung das Ding angebracht. Das gehöre mittlerweile zum Standard von altersgerechten Wohnungen, hatte man Herrn Berge erklärt.

Vor der Haustür standen zwei Gestalten. Gleich fielen ihm Zeitungsberichte von Einbrechern ein, die alte

Leute austricksten, um sie auszurauben. Aber bestimmt war das nur Panikmache. „Hallo?", fragte Herr Berge durch die Gegensprechanlage. „Wer sind Sie?" – „Hallo. Ich bin Lara und das ist Jakob, mein Freund. Wir wollten eigentlich zu meiner Großtante. Rosa Zimmermann. Aber sie ist wohl noch unterwegs. Können wir vielleicht kurz bei Ihnen warten, bis sie da ist?" Die Stimme der Frau klang sehr jung. Sie winkte in die Kamera und zeigte auf sich und ihren Begleiter. Der Regen rauschte im Hintergrund, sodass Herr Berge Mühe hatte, sie genau zu verstehen. *Frau Zimmermann – Großtante – nicht da – warten,* registrierte er und seufzte. Er wollte die zwei nicht in seiner Wohnung haben. Aber jetzt war es zu spät. Er drückte ohne ein weiteres Wort auf den Türöffner, wartete und knipste das Licht an. Auf einmal war es ihm peinlich, die ganze Zeit in einer so dunklen Wohnung gewesen zu sein.

„Das ist so nett, Herr Berge", schnaufte die junge Frau, als sie vor ihm stand und schob sich die Kapuze vom Kopf. Blonde Locken umrahmten ihr Gesicht und ihr breites Lächeln entblößte sehr weiße Zähne. Herr Berges Mund wurde schmal. Der junge Mann hinter ihr lächelte. „Wir bleiben auch bestimmt nicht lange", sagt er beschwichtigend.

Herr Berge nickte langsam und trat einen Schritt zurück, damit die beiden eintreten konnten. „Sie wollen also Frau Zimmermann besuchen?", fragte er mit gerunzelter Stirn. „Zu dieser Uhrzeit?" Die junge Frau, die sich als Lara vorgestellt hatte, zuckte entschuldigend mit den Schultern und ließ ihren Rucksack auf das Parkett gleiten. Herr Berge schluckte schwer. Eine große Pfütze breitete sich auf dem Fußboden aus.

„Ja, genau. Wir sind auf der Durchreise und wollten bei meiner Tante Rosa übernachten. Aber irgendwie scheint sie noch nicht da zu sein“, plapperte Lara sofort los. „Und das bei dem Mistwetter“, stimmte ihr der Mann zu. Um seine Füße bildete sich eine Schlammlache. „So, so. Auf der Durchreise“, grummelte Herr Berge. „Ja, wir haben keine Lust auf den Winter in Deutschland. Weihnachten wollen wir in Australien sein“, erzählte die Frau und schüttelte ihren Lockenkopf, sodass Tropfen umherflogen und Herrn Berge an der Wange trafen.

„Wir trampen oder fahren Zug und Fähre“, erklärte Laras Freund Jakob. Trampen, im Winter, nach Australien. Herr Berge hatte selten eine so verrückte Idee gehört. Die beiden waren wohl nicht nur nass, sondern auch größenwahnsinnig und völlig naiv. Immer noch standen sie etwas unschlüssig in der Diele.

„Tante Rosa kommt bestimmt bald nach Hause. Es geht wirklich nur um ein paar Minuten. Weil es doch so nass draußen ist“, versuchte die junge Frau die angespannte Situation aufzulockern. „Schon okay“, murmelte Herr Berge und wies ins Wohnzimmer. „Setzen Sie sich doch“, sagte er leise und war überrascht über seine eigenen Worte. Die beiden folgten ihm ins Wohnzimmer und ließen sich auf dem Sofa nieder. „Schön haben Sie es hier“, sagte Lara, nachdem sie sich kurz umgesehen hatte. „Aber schmücken Sie gar nicht?“, fragte sie dann. Herr Berge sah sie verständnislos an. „Schmücken?“ „Ja, für Advent. Haben Sie keinen Kranz?“ Herr Berge schüttelte den Kopf. „Wozu? Ich wohne doch alleine hier“, sagte er. Jetzt blickte die junge Frau verständnislos. „Na und? Sie können es sich selbst doch auch schön machen." „Wollen Sie vielleicht eine Tasse Tee?", fragte Herr Berge ausweichend. „Moment", sagte Lara anstelle einer Antwort und lief zurück in die Diele. Ihr Freund grinste. „Ich würde einen Tee nehmen." Herr Berge nickte verwirrt und setzte neues Teewasser auf. „Hier. Für Sie", sagte die Frau, als sie zu ihm in die Küche kam und hielt ihm eine kleine Dose hin. Herr Berge nahm sie in die Hand. Nun noch verunsicherter. „Was ist das?", fragte er. „Ein Mini-Adventskranz. In die vier Löcher können Sie vier kleine Kerzen stecken. Die sind da drin", erklärte Lara ihm und deutete auf die Dose. „Äh, also ich brauche so etwas wirklich nicht", sagte Herr Berge bestimmt. Lara sah ein wenig enttäuscht aus. „Er ist doch winzig klein. Dann nehmen Sie es wenigstens symbolisch. Meine Mutter hat ihn mir für unsere Reise mitgegeben, aber von einer Freundin hab ich den gleichen bekommen. Advent ohne Adventskranz scheint also gar nicht möglich zu sein." „Also gut", murmelte Herr Berge. „Wenn Sie meinen." Er stellte die kleine Schatulle auf die Arbeitsplatte und goss den Tee auf. „Sie mögen doch schwarzen Tee?", fragte er dann.

Wenig später erzählten Lara und Jakob von ihren Reiseplänen und dass sie sich ein Urlaubssemester genommen hätten. Laras Großtante Rosa war eine der ersten Stationen auf ihrer Reise. Viele Freunde wollten sie auf ihrem Weg treffen. Herr Berge war überrascht, wie viele Menschen die zwei trotz ihres jungen Alters bereits zu kennen schienen.

Er selbst erzählte wenig. Er hörte lieber zu. Das könne er gut, hatte ihm vor langer Zeit einmal jemand gesagt. Doch mit den Jahren waren die Menschen weniger geworden, denen er hätte zuhören können.

Die Standuhr hatte eben erst zehnmal geschlagen, da rief Lara plötzlich: „Ich glaube, sie ist da. Nebenan hat ein Auto gehalten." Herr Berge brauchte einen Augenblick, bis er merkte, dass er selbst sehr lange nicht mehr auf den Verkehr auf der Straße geachtet hatte. Das war ungewöhnlich für ihn. Normalerweise konnte er über Stunden nach draußen sehen und beobachten, wie die Jahreszeiten vor dem Fenster vorbeizogen, Autos hielten, Menschen kamen und gingen. Nur er blieb in seinem Sessel sitzen, begleitet vom lauten Ticken der Uhr.

„Danke, dass wir hier warten durften", sagte Jakob und reichte Herrn Berge die Hand. „Keine Ursache", sagte Herr Berge, auf einmal wieder mit einer Förmlichkeit, die er in den vergangenen zwei Stunden auf wundersame Weise verloren zu haben schien. „Das war sehr nett von Ihnen", sagte auch Lara und drückte seine Hand. Herr Berge nickte und versuchte ein zaghaftes Lächeln. „Gute Reise", sagte er, als die beiden im Treppenhaus verschwanden. Auf einmal war er wieder alleine in seiner Wohnung. Nur noch zwei Wasserpfützen auf dem Parkett erinnerten an die unerwarteten Gäste.

Und ein kleiner Adventskranz, der auf seinen Einsatz am nächsten Sonntag wartete.

Für diesen Tag:

- Merk Dir das Gesicht der ersten Person, der Du am Morgen begegnest.
- Koche eine Suppe. Such Dir winterliche Zutaten, spare nicht an Gewürzen und decke eine festliche Tafel – für 20 Personen oder mehr. Warum nicht? Hungrige finden sich schnell und in Gemeinschaft schmeckt's am besten.
- Stell Dir vor, im Haus nebenan wohnt Gott. Wäret ihr gute Nachbarn?

3. Dezember – Spekulatius

Vielleicht kann manches nur Oma

Eigentlich wollte ich in diesem Advent Spekulatius backen. So richtig echte duftende Gebäckstücke, die nach Weihnachten schmecken. Und nach Kindheit. Und so habe ich eingekauft: Haselnusskerne, Butter, Zitronen, Spekulatiusgewürz und fast soviel Zucker wie Mehl. Der Teig ist lecker geworden, aber die Form ist missglückt. Meine Spekulatius erinnerten an Spielkarten, auf denen man jedoch nicht erkennen kann, welches Blatt gemeint ist. Erst dachte ich, mir fehlt die Muße. Oder das Geschick. Aber es ist die Tradition, die mir fehlt. Mir fehlen vertraute Handgriffe und in meinem Küchenschrank gibt es keine kostbaren Models, die die schönsten Formen und Figuren zeigen und in die man behutsam den Teig gießt, auf dass er Spekulatius werde. Keine Windmühlen, keine Steinböcke, keine bepackten Nikoläuse. Bei mir gab es Spekulatius-Klumpen. Ich muss zugeben, dass sie sogar schmeckten, nur die Form sah bei mir eben so ganz anders aus als bei Oma oder aus dem Supermarkt.

Deswegen hab ich mich kurzerhand entschieden, eine neue Tradition einzuführen. Bei mir gibt es Spekulatius-Tiramisu. Meine Spielkartenkekse hab ich in einen Gefrierbeutel gepackt und mit dem Nudelholz schön darübergewalzt, bis nur noch Brösel übrig waren.

Ein bisschen Sahne und Puderzucker vermischt und aus Boskoop-Äpfeln (auch darauf schwört Oma!) ein Apfelkompott gekocht. Und dann ging es ans Schichten. Kekskrümel zuunterst und dann abwechselnd mit Apfelkompott und Sahne auffüllen, bis schöne Einmachgläser randvoll waren. Freundinnen, die eigentlich zum Glühweintrinken kamen, hat's geschmeckt. „Weihnachten im Glas", seufzte eine verzückt, während Löffel um Löffel in Mündern verschwand, bis auch der letzte Rest Tiramisu verputzt war.

Das mach ich nächstes Jahr nochmal. Auch meiner Oma will ich mindestens ein Glas mitbringen.

Ist schließlich Tradition. Und die muss man pflegen.

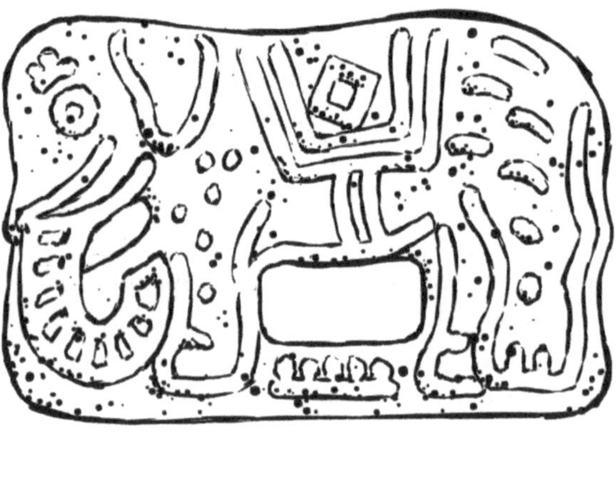

Spekulatius-Tiramisu

Zutaten: (für etwa 35 Spekulatius)
50 g Haselnusskerne
1 Zitrone
85 g Butter (weich)
110 g Zucker
35 g Schlagsahne
1 Eigelb
5 g Spekulatiusgewürz
½ Prise Salz
185 g Mehl
Mehl zum Bearbeiten

Für 6 Tiramisu-Portionen:
200 g Sahne
2 TL Puderzucker
ca. 8 Spekulatiuskekse
2 große Boskoop- Äpfel
Zucker
Wasser
Zitronensaft

So geht's:
Hacke die Haselnusskerne fein und röste sie in einer Pfanne ohne Fett unter Rühren hellbraun. Gib sie auf einen flachen Teller und lass sie abkühlen.

Spüle die Zitrone heiß ab, tupfe sie trocken und reibe etwa 1 TL Schale fein ab. Verarbeite Butter, Zucker, Sahne, Eigelb, Spekulatiusgewürz, Salz, Zitronenschale und Nüsse in einer Schüssel mit dem Mixer schnell zu einer glatten Masse.

Forme den Teig zu einer Kugel und stelle ihn abgedeckt für eine Stunde kalt .

Knete den Teig anschließend kurz mit den Händen und forme ihn zu rechteckigen Keksen. Oder fülle ihn in dafür vorgesehene Spekulatiusmodel.

Heize den Backofen auf 200° C (Umluft 180° C, Gas Stufe 4) vor. Lege die Spekulatius auf mit Backpapier ausgelegte Backbleche und backe sie nacheinander im vorgeheizten Ofen auf der mittleren Schiene etwa 10 Minuten hellbraun. Lass die Spekulatius auf Kuchengittern vollständig abkühlen.

Koche aus Boskoop-Äpfeln, Zucker, Wasser und Zitronensaft ein Apfelkompott und lass es abkühlen.

Schlage die Sahne steif und süße sie mit etwas Puderzucker. Gib einen Teil der Kekse in einen Gefrierbeutel und zerbrösele sie mit dem Nudelholz. Dann schichte einfach abwechselnd Sahne, Apfelkompott und Keksbrösel in kleine Tassen oder Gläser – obendrauf sollten Spekulatiusbrösel sein.

… Und lass Dir den Rest der Spekulatiuskekse einfach so schmecken. ☺

Für diesen Tag:

- Entscheide Dich. Für ein Plätzchenrezept, ein Sockenpaar oder den Richtigen.
- Tunke den Tag in Schokolade und streue Kokosraspeln darüber. Oder Liebesperlen.
- Schüttel die Kissen aus und denke an das Märchen von Frau Holle.

4. Dezember – Warten

Heiligste Nacht

Alles war so wie immer. Die Kerzen am Christbaum brannten und ihr Licht spiegelte sich in den roten Kugeln. Im ganzen Haus duftete es nach Rotkohl, gebrannten Mandeln und Bienenwachs. Sie reichten sich die Hände zum Tischgebet, blickten sich in die Augen.

Es war ein schwieriges Jahr gewesen. Erst die Insolvenz der Kanzlei, dann Bens Autounfall und erst zwei Wochen vor Weihnachten war der wütende Brief von Werners Schwester ins Haus geflattert. Weihnachten würde in diesem Jahr ohne sie stattfinden. „Diese scheinheilige Familie muss ich mir nicht antun“, hatte sie geschrieben und man hatte ihre Verbitterung in jedem wütenden Tintenpunkt am Ende eines Satzes lesen können.

Aber der Rest der Familie hatte sich Weihnachten gewünscht. Das Jahr sollte nicht traurig enden. Sie hatten sich zusammengerauft. Alle. Die Zähne zusammengebissen. Es sollte ein friedliches Fest werden. Wie jedes Jahr. Alle Streitereien, jeder Kummer, jede Verletzung sollten heute außen vor bleiben. Es war schließlich Weihnachten.

„Wer möchte denn von diesem köstlichen Wild probieren?“, fragte Werner seine drei Kinder, zwinkerte seiner

Frau stolz zu und sah sie erwartungsvoll an. Ben reichte ihm als erstes seinen Teller. „Ich natürlich!" Darauf hatte er sich schließlich am meisten gefreut. Mamas Rehrücken mit Preiselbeersoße. Clara nahm sich von den Klößen und vom Rotkohl. Fleisch war noch nie ihr Ding gewesen. Vielleicht würde sie im nächsten Jahr mal ein veganes Leben wagen, dachte sie, während sich ein verzücktes Gemurmel und Lippenlecken am Tisch breit machte. „Himmlisch, wirklich himmlisch, Mama", schwärmte Ben, und Theresa, seine jüngere Schwester, konnte nicht anders als die Augen zu verdrehen. Musste er immer so übertreiben?

Während des Essens wurde eifrig Konversation geführt. Nichts wäre schlimmer, als das Ticken der Küchenuhr zu hören oder den Wind, der eisig um das Haus pfiff. Nichts wäre schlimmer, als diese Stille nicht mit Worten füllen zu können. Und so redeten sie über Belangloses. Mieden Themen, die einen höheren Blutdruck erzeugen könnten. Es wurde nicht gefragt, wo denn die Partner waren, die noch im letzten Jahr mit am Tisch gesessen hatten. Auch das leidige Thema Enkelkinder kam nicht zur Sprache und wie lang Theresa eigentlich noch für ihr Studium brauchen wollte. Und doch wirkte Mamas Lachen ein bisschen zu laut, Papas Witze ein bisschen zu derb und Bens Lob ein bisschen zu überschwänglich.

Zum Nachtisch gab es Mousse au chocolat mit Waldfrüchten und für die, die wollten, noch einen starken Espresso. Clara bemerkte als erstes die zitternden Hände ihrer Mutter, während diese ihr das zierliche Tässchen mit der schwarzen Flüssigkeit reichte. Doch erst als auch der letzte Löffel klirrend in den Dessertschalen liegenblieb, war es endlich so weit: „Ich denke, wir haben jetzt lange genug gewartet", sagte Papa und seine Stimme klang seltsam belegt. Seine Kinder blickten überrascht, fast ein wenig nervös. Er klang nicht so, als meinte er nur die Bescherung nach dem Essen. Papa griff nach Mamas Hand, die seltsam verloren auf dem weißen Tischtuch lag. „Wir wollten euch sagen", einen Moment hielt er inne, doch Mama nickte ermutigend und so fuhr er fort: „Also, wir wollten euch sagen, dass das unser letztes gemeinsames Weihnachten sein wird. Jedenfalls in dieser Form." Clara, Theresa und Ben guckten ungläubig. „Wie, das letzte?", fragte Ben als erster.

„Wir haben uns entschieden", sagte nun Mama und ihre Stimme klang dabei ganz klar, „hier unsere Zelte abzubrechen und noch einmal ganz von vorne anzufangen. Wir denken, ihr seid alt genug, dass wir nun auch wieder ein wenig an uns denken können." Clara schluckte. „Wie meinst du das? Die Zelte abbrechen?" „Wir haben das Haus verkauft, das Auto und auch die Möbel. Mit dem Geld beginnen wir ein neues Leben in Schweden", erklärte Papa. Ben lachte laut auf. „Schweden, ihr? Papa, ihr spinnt doch", sagte er und schüttelte belustigt den Kopf. Das konnte nicht ihr Ernst sein. Nie hatten sie auch nur Andeutungen gemacht, solche Pläne zu haben. Wieso so plötzlich? Klar, früher hatten sie wunderbare Sommer in Schweden verbracht. Aber eben nur ein paar Wochen lang. Ihr Lebensmittelpunkt lag woanders.

„Findet ihr das nicht ein bisschen egoistisch?“, fragte Clara nun. Auf der Stirn ihrer Mutter bildeten sich kleine Fältchen. „Ich denke nicht, dass wir uns jemals egoistisch verhalten haben, seit du auf der Welt bist, Clara“, sagte sie mit ungewohnt scharfer Stimme und ihre Tochter verstummte. „Bestimmt kommt das jetzt für euch ein bisschen plötzlich, aber wir dachten uns, dass heute der richtige Zeitpunkt sei, euch davon zu erzählen.“ Theresas Augen füllten sich mit Tränen. „Aber warum denn Schweden? Weiter weg geht es ja wohl nicht?“, sagte sie mit zitternder Stimme.

„Weil es unser Traum ist, mein Schatz. In Schweden waren wir immer einfach glücklich“, sagte Mama nun wieder viel sanfter und legte einen Arm um ihre jüngste Tochter. „Glaubt nicht, wir hätten uns diese Entscheidung leicht gemacht. Aber ihr wisst, wie es ist. Die letzten Jahre waren ein einziger Kampf. Die Insolvenz, Papas Burnout, meine Krebserkrankung, Bens Unfall. So oft mussten wir feststellen, dass wir nur dieses eine Leben haben und es zu kurz ist, um immer nur darauf zu warten, dass sich etwas ändert. Nur wir selbst können etwas ändern.“ Mama lächelte. „Und das tun wir jetzt“, fügte sie hinzu. Papa nahm einen großen Schluck Rotwein. „Neujahr geht es los“, sagte er dann. Einen Moment war es ganz still. Auf einmal hörte man die Küchenuhr ticken und den Wind, der eisig um das Haus pfiff. Es störte sie nicht. Sie alle hingen einen Moment ihren eigenen Gedanken nach.

Es war Weihnachten. Das Jahr bewegte sich dem Ende zu. Für sie alle war es ein schwieriges Jahr gewesen. In der Christmette hatte der Priester von Neuanfängen gesprochen. Von neuen Chancen und dem Wunder der Geburt.

„Ich finde euch ganz schön mutig“, sagte Clara nach einer halben Ewigkeit mit leiser Stimme und blickte ihre Eltern an. Mama lächelte. Nun hatte auch sie Tränen in den Augen. „Ich uns auch“, sagte Papa und seufzte. „Unsere Entscheidung hat nichts damit zu tun, dass wir nicht mehr für euch da sein wollen. Das werden wir immer. Aber wir haben das Gefühl, dass ihr nun auch ganz gut auf euch selbst aufpassen könnt“, erklärte er.

Ben nickte langsam. Ihm fehlten die Worte. Doch er konnte nicken. In ein paar Monaten würde er seinen Eltern via Skype erzählen, wie stolz er auf ihren Mut sei. Dass sie ihm eigentlich immer ein Vorbild gewesen seien und auch er sein Leben nicht mit Warten verplempern wolle. Doch an diesem Heiligen Abend konnte er nur nicken.

Clara nahm ihre Eltern in die Arme. Sie schluckte ihren Schmerz hinunter. Mama hatte Recht. Nie war sie egoistisch gewesen. Ihre Kinder hatten immer an erster Stelle gestanden. Sogar als sie selbst gegen den Krebs und um ihr Leben gekämpft hatte, war sie es gewesen, die ihre Kinder getröstet hatte.

Nichts war wie immer. Die Kerzen am Christbaum waren bereits fast ganz heruntergebrannt und ihr Licht spiegelte sich nur noch schwach in den roten Kugeln. Noch einmal reichten sie sich die Hände an diesem

Abend. Es war eine sonderbare Stimmung. So still und nachdenklich waren sie Weihnachten noch nie gewesen. Aber auch noch nie so ehrlich. Die Gläser füllten sich erneut mit Wein und langsam begannen sie zu erzählen. Leise und ohne Vorwurf in der Stimme. Verlorene Lieben saßen auf einmal mit am Tisch, die Sorge, nie den Richtigen zu finden, und das traurige Bewusstsein, vielleicht all die Jahre das Falsche studiert zu haben. Sie alle hörten zu. Warteten. Fielen einander nicht ins Wort und mieden gutgemeinte Ratschläge. Stunde um Stunde verging. Die Päckchen unter dem Baum waren unwichtig geworden. Was jetzt zählte, waren sie. Als Familie.

„Vielleicht war das das schönste Weihnachtsfest, das wir je hatten", dachten sie, flüsterten und lächelten, als der Morgen bereits graute und sie es sich unter ihren Decken gemütlich machten.

Was ihnen der neue Tag, das neue Jahr auch bringen würde, sie fürchteten es nicht.

Für diesen Tag:

- Nimm Dich aus der Pflicht. Vielleicht nur fünf Minuten an diesem Tag. Erinnere Dich: Du bist ein Gedanke Gottes. Und Gedanken sind frei.
- Sei genüsslich und nimm Dir Zeit für Geschmack-Sachen. Bestreiche ein Brot dick mit Deiner Lieblingsmarmelade aus dem letzten Sommer. Oder magst Du lieber Leberwurst? Sei ein Fein-Schmecker.
- Lausche einer Melodie, einer Stimme, der Stille.

5. Dezember – Begegnung

Pippi Langstrumpf in der Krippe

Maria ließ sich in einem der schicken schwarzen Ledersessel vor der Möbelabholung nieder und strich sich mit den Fingerspitzen sanft über den runden Bauch. Manchmal fand sie die Vorstellung immer noch unwirklich, dass darin ein Leben heranwuchs. In wenigen Wochen würde sie dieses kleine Wunder in den Armen halten. Die Winterjacke ließ sich schon nicht mehr schließen. „Wir brauchen noch einen Wickeltisch“, hatte Josef heute Morgen beim Frühstück gesagt und seiner Freundin einen Rest Pflaumenmarmelade aus dem Mundwinkel geküsst.

Und so hatten sie sich auf den Weg ins Möbelhaus gemacht. Obwohl Samstag war und jeder normale Mensch wusste, dass Samstag die ganze Stadt zu ihrem Lieblingsschweden fuhr. Aber einen Wickeltisch brauchten sie, keine Frage. In den Händen hielt Maria den Zettel mit der Nummer 152 darauf. Es würde sich nur noch um Stunden handeln, bis sich das weiße Gestell mit dem Namen GULLIVER auf ihrem Einkaufswagen befand. Eingepackt in einen braunen Pappkarton könnte GULLIVER von außen betrachtet auch ein BILLY sein, dachte Maria und überlegte, ob in ihr drin tatsächlich ein Mädchen wuchs, wie Josef ganz felsenfest überzeugt war, oder doch eher ein kleiner Junge.

Sie wollten sich überraschen lassen. „Eine Lichterkette brauchen wir auch unbedingt“, hatte Josef in der Weihnachtsabteilung beteuert, „falls es ein Christkind wird, hängen wir sie der Kleinen über's Bettchen.“ Maria fand ihn süß, wenn er so etwas sagte. So stolz schien er zu sein. Auf sie und sein Christkind, falls es denn eins werden sollte. Maria konnte sich eigentlich etwas Schöneres vorstellen, als an Heiligabend im Kreißsaal zu liegen. Am Anfang war Josef gar nicht so begeistert gewesen, als sie ihm gesagt hatte, dass sie schwanger sei. Sie wollten doch reisen. Das hatten sie sich fest vorgenommen. Zwischen Studium und eigenem Grafikbüro hatten sie die Welt erkunden wollen. Zu zweit. Aber mit der Zeit hatte er sich an den Gedanken gewöhnt und schon Pläne geschmiedet. Von ihnen beiden auf zwei Eseln irgendwo in Griechenland oder Israel, mit dem Baby in einem Tuch vor der Brust. Warum nicht?

„Ist hier noch frei?“, fragte plötzlich eine junge Frau mit langen dunklen Haaren und einer großen blauen Tüte über dem Arm. Sie wirkte etwas gestresst und schob sich fahrig ihre Brille ins Haar. Maria nickte und nahm ihre Jacke von dem schwarzen Ledersessel neben sich. Josef würde eh noch eine Weile unterwegs sein. Er wollte das Auto ein bisschen näher zum Eingang holen, damit sie GULLIVER leichter einladen konnten. „Man muss wirklich bescheuert sein, um sich das hier samstags freiwillig anzutun“, sagte die Frau jetzt kopfschüttelnd und schaute in den völlig überfüllten Kassenbereich. An acht aufgeregt piependen Kassen drängelten sich Menschen in langen Schlangen, packten Servietten, Strohhalme und Teelichter in Einkaufswagen und Tüten und manövrierten Einkaufswagen mit langen Pappkartons darauf aneinander vorbei. Manche mehr, manche weniger geschickt. An der Hotdogstation fiel einem kleinen Mädchen ihr ketchupgetränktes Wurstbrötchen aus der Hand und klatschte auf die Erde. In Sekundenschnelle füllten sich ihre Augen mit Tränen und sie begann laut zu heulen. „Deshalb gebe ich meine Kleine immer im Kinderparadies ab“, sagte die Frau, die die Szene ebenfalls beobachtet hatte. Ihr Blick fiel auf Marias gewölbten Bauch. „Das sollten sie sich auch direkt angewöhnen. Mit kleinen Kindern einkaufen zu gehen ist die Hölle. Das sind einfach zu viele Reize. Der pure Stress“, plapperte sie. Maria lächelte zaghaft und blickte sich nach Josef um. Wo blieb der denn? Die Anzeige über der Möbelabholung zeigte nun die Nummer 147. „Haben Sie schon einen Krippenplatz?“, fragte die Frau ungerührt weiter. Maria schüttelte den Kopf. „Nein, wieso denn?“ Die Frau riss theatralisch die Augen auf. „Das sollten Sie aber! Mein Name stand schon auf sämtlichen Listen, als die Kleine noch nicht mal geboren war. Ohne Krippenplatz sind Sie verloren. Sie wollen doch bestimmt wieder arbeiten gehen, oder?“ Maria runzelte ein wenig die Stirn. „Ja schon, aber erst, wenn das Kind ein bisschen älter ist, und dann nimmt wahrscheinlich auch mein Freund Elternzeit“, erklärte Maria und ärgerte sich ein wenig, da sie das Gefühl hatte, sich vor der Frau rechtfertigen zu müssen. Die Frau stutzte und murmelte nur ein „Mmmh, Elternzeit“ vor sich hin. „Bestimmt werden Sie auch so eine Keksback-Mami, oder?“ Maria verschluckte sich fast. „Keksback-Mami?“, keuchte sie. Wollte die Frau sie provozieren?

„Also ich kauf ja Zimtschnecken. Fürs Plätzchenbacken hab ich nun wirklich keine Zeit“, beherzt griff sie in die große blaue Tasche und zog eine Tüte mit der Aufschrift „Kanelbullar“ hervor, die sie eben erst im Schweden-Shop erstanden hatte. „Oh, ganz sicher werde ich eine Keksback-Mami“, sagte Maria und war ein wenig überrascht, wie selbstsicher ihre Stimme auf einmal klang. „Ich backe blecheweise Kekse mit meinen Kindern in unserer Villa Kunterbunt und dann dürfen die Kleinen mit eingeseiften Schuhbürsten an den Sohlen durch die Küche rutschen, dass es nur so schäumt. Einen Limonadenbaum haben wir natürlich auch im Garten und mein Mann hängt die Geschenke darin an Heiligabend auf und alle Kinder aus der Nachbarschaft können kommen und dürfen sich eins aussuchen“, platzte es mit einem Mal aus ihr heraus. Das Kind in Marias Bauch bewegte sich ermutigend ein wenig hin und her. „Die Kleine wird übrigens ein Christkind und wir nennen sie Pippi Lotta Viktualia Rolgadina Schokominza“, fügte sie hinzu, erhob sich aus dem schwarzen Ledersessel und ging mit energischen Schritten zu der Möbelabholung, ohne sich noch einmal umzublicken. Soeben war die Nummer 152 auf der Anzeigetafel erschienen. Und Josef an ihrer Seite. Er legte ihr sanft den Arm um die Hüfte. „Ich bin jetzt sicher“, flüsterte Maria ihm ins Ohr und atmete dabei seinen ganz eigenen Josef-Duft ein. „Es wird ein Christkind und auf einen Krippenplatz pfeif ich.“

Für diesen Tag:

- „Lass Dich nicht unterkriegen. Sei frech und wild und wunderbar.“ – *Eine Pippi-Langstrumpf-Weisheit von Astrid Lindgren*
- Wo könnten Dir Menschen aus der Bibel begegnen? Im Hier und Jetzt? Maria in der Abteilung für Umstandsmode bei H&M. Elisabeth, die gedankenverloren in einem Café sitzt und in einem Cappuccino rührt. Josef, der einen Designerladen mit besonderen Möbeln führt. Vielleicht heißt sein Label „Traumfabrik“?
- Gönn Dir Deine eigene Meinung. Nicht umsonst heißt es Mein-ung.

6. Dezember – Geschenk

Schenken
von Herzen
Kerzenschein in Kinderaugen
mit Segen verschnürtes Glück
zauberschön

Hoffnungsmärchen

Das Leben in der kleinen Stadt hatte sich eingependelt, wie das Pendel einer alten Standuhr.

Manchen mochte es trostlos erscheinen. Andere hielten es einfach für ganz gewöhnlich. Jeder kannte jeden – von der Wiege bis zum Leichenschmaus. Ein Tag folgte dem nächsten, ohne dass je eine Besonderheit passierte.

An einem ganz gewöhnlichen Morgen hatte man jedoch plötzlich die Türglocke über den Marktplatz schallen gehört. Die Türglocke des Ladenlokals, das seit Jahr und Tag leer gestanden hatte und von dem keiner gedacht hatte, dass sich je wieder jemand darin heimisch fühlen könnte. Getuschelt wurde. Gemunkelt. Was hatte es mit diesem längst vergessenen Glockenton auf sich? Was mit der blondgelockten, jungen Frau, die auf roten Stöckelschuhen über den Marktplatz klapperte, fröhlich grüßend, aber zielstrebig immer wieder im Ladenlokal verschwindend?

Die Kinder drückten sich an der staubbedeckten Fensterscheibe die Nasen platt. Die junge Frau winkte ihnen zu, sagte aber immer wieder freundlich: „Ich öffne erst nächste Woche. Ein wenig müsst ihr euch noch gedulden“, und hängte eine lange Stoffbahn vor die Scheibe, so dass jeder neugierige Blick ausgeschlossen war.

Die Leute der kleinen Stadt runzelten die Stirn. Eine Geheimniskrämerin war sie also auch noch, die Neue. Doch eines Tages wurde die Ladentür auf einmal geöffnet. Beschwingt stellte die junge Frau ein Schild neben die Tür. „Komm rein. Du bist willkommen!“, stand darauf und das sagte sie auch jedem, der vorbeilief. Immer wieder lud sie die Leute ein, hereinzukommen und sich ihren Laden anzusehen. Viele senkten jedoch den Blick, hasteten vorüber, murmelten Entschuldigungen und brummten etwas von unaufschiebbaren Verpflichtungen und viel zu viel Arbeit.

Und so waren es die Kinder, die zuerst ihren Weg in den Laden fanden. Staunend blieben sie vor den großen Regalwänden stehen, in denen hundert und aberhundert Gläser ihren Platz hatten. Gefüllt waren sie mit Gegenständen scheinbar jeder denkbaren Farbe. Weinrote Luftballons. Zitronenfaltergelbe Seidenstümpfe. Rosmaringrüne Gänsefedern. Solch einen Laden hatten die Kinder noch nie gesehen. „Was verkaufst du denn?“, fragte eins der besonders Naseweißen. Und ein anderes wollte wissen: „Bist du Tante Emma?“, denn einen

Laden wie diesen kannte es bisher nur aus Erzählungen der Großmutter. „Ich verkaufe Hoffnung", sagte die junge Frau strahlend und reichte den Kindern eins der Gläser, das mit himmelblauen Kaugummikugeln gefüllt war. „Wollt ihr probieren?" Erst zögerten sie, aber dann griffen viele kleine Hände in das Glas. „Und was schmeckt ihr?", wollte die Frau von den Kindern wissen. Nach kurzem Überlegen sagte plötzlich eins von ihnen: „Ich finde, das schmeckt wie Sonne, wenn es ganz lange geregnet hat." „Mmhhh! Das schmeckt nach mehr Taschengeld", rief ein anderes und die übrigen Kinder lachten. Und dann flüsterte ein kleines Mädchen leise: „Das schmeckt irgendwie wie Abendbrot mit Mama und Papa. Dabei wohnt Papa eigentlich gar nicht mehr bei uns."

Jedes Kind erzählte von einer anderen Geschmacksrichtung. Doch alle waren sich einig, dass dies die leckersten Kaugummis waren, die sie je gegessen hatten.

Mit der Zeit trauten sich auch immer mehr Erwachsene in den Laden der jungen Frau. Angelockt von den schwärmenden Erzählungen ihrer Kinder wollten nun auch sie dem Geheimnis des Ladens auf den Grund gehen. Willkommen waren sie ja alle.

Manche verbrachten eine ganze Stunde in dem Laden, ließen sich von der jungen Frau zu einer haselnussbraunen Tasse Kakao einladen, probierten Gummistiefel in Lavendellila und verließen schließlich allesamt leichtfüßig und begleitet von dem zarten Läuten der Ladenglocke das Geschäft wieder.

Wenn sie jemand fragte, was es denn nun so Besonderes in dem Laden zu kaufen gäbe, fiel es ihnen schwer, in Worte zu fassen, was sie erworben hatten. Es war eher ein Gefühl als eine Ware.

Leichter und hoffnungsfroher fühlten sie sich. „Und ist es sehr teuer?“, wollten manche wissen. „Eigentlich nicht. Du bezahlst mit einer Geschichte. Aus deinem Leben. Am besten eine, die du am liebsten vergessen möchtest, weil sie dir das Herz so schwer macht.“

Nach ziemlich genau einem Jahr jedoch blieb die Tür des Ladens auf einmal geschlossen. Die Leute der kleinen Stadt standen erstaunt davor. Manche waren beinah jeden Tag gekommen und hatten sich etwas aus den bunten Gläsern ausgesucht. Immer im Tausch gegen eine Geschichte. Und über die kleine Stadt hatte sich eine unbekannte Fröhlichkeit gelegt. Fröhlichkeit, die ansteckend war und nach und nach Sorgen und Kummer aus den Menschen trieb.

Doch nun war der Laden leer. Die Regale ausgeräumt und auch das Schild, das immer neben der Tür gestanden hatte, war verschwunden. Nur ein kleiner Zettel hing an der Scheibe: „Verliert die Hoffnung nicht. Teilt sie.“

Für diesen Tag:

- Mach Dir selbst eine Freude. Nicht alle Geschenke warten unter dem Tannenbaum. Kauf Dir einen Schal. Lade Dich selbst zum Tee ein. Stöbere im Buchladen und such Dir ein Buch aus. Einfach so. Weil bald Weihnachten ist.
- Überrasche jemanden. Mit einem Besuch, einer Postkarte oder einer Praline auf der Tastatur.
- Nimm den Tag leicht. Und Dich auch. Verschieb die Sorgen auf das nächste Jahr oder vergiss sie ganz.

7. Dezember – Engel

Engel
Ich hab dich gesucht
im Wintergrau,
als mein Herz schwarz trug
und der Glanz an mir abzuprallen schien
in dieser doch so heiligen Zeit.

Als ich wusste,
ganz sicher:
Sie kommt nicht zurück
meine Kindheit.
Mein Blick hat sich verändert.
Ich kann sie nicht ausblenden:
die dunklen Tage,
die es gibt,
obwohl Advent ist.

Doch plötzlich bist Du da
stiller leiser heimlicher Bote
Breitest deine Flügel aus
hältst mich
wärmst mich
schützt mich
Und auf einmal wird mir leicht
um Herz und Seele.
Leicht wie die Federn
Deiner Flügel,
die man nicht sieht,
aber spürt.

Zart besaitet:
Engel aus Notenblättern

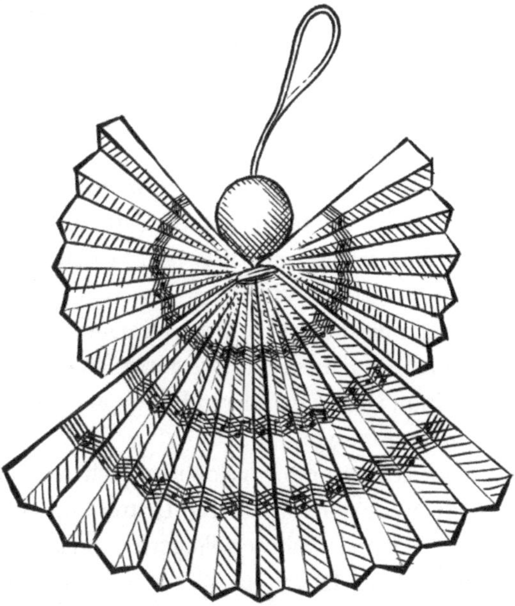

Das brauchst Du:

- 2 gleich große Notenblätter z.B. aus einem ausrangierten Gotteslob oder einer Flötenfibel (für einen großen Engel ca. 14,5 x 21 cm, für einen kleinen Engel 9 x 13 cm)
- doppelseitiges Klebeband
- ein Stück Draht oder Bindfaden (besonders schön in Gold oder Silber)
- 1 runde Holzperle mit einem Loch (Durchmesser: groß ca. 3 cm, klein ca. 2 cm)

So geht's:

- Beginne mit dem ersten Notenblatt. Knicke es längs um ca. 1 cm ein. Schärfe die Kante gut ab, indem Du nochmal fest mit dem Finger darüber streichst. Jetzt wende das Blatt und knicke es genauso ein. Falte das ganze Blatt abwechselnd von beiden Seiten, sodass Du eine Ziehharmonika-Form erhältst. Mache dasselbe mit dem zweiten Blatt.
- Jetzt werden die beiden gefalteten Blätter miteinander verbunden. Nimm das erste Blatt und beklebe eine der Außenseiten des Fächers mit dem doppelseitigen Klebeband. Wichtig ist, dass Du nicht alles zuklebst, sondern etwa ein Drittel frei lässt. Das freie Drittel wird ein Flügelchen, der untere Teil bildet das Kleid. Nimm jetzt den anderen Fächer und klebe beide Fächer zusammen.
- Nun halte den zusammengeklebten Fächer genau an der Stelle zwischen dem oberen Drittel und den unteren zwei Dritteln mit den Fingern fest zusammen. Teile das obere Drittel in die zwei vorgegebenen Hälften. Knicke beide Hälften zur Seite ab, sodass Du waagerecht zwei Flügelchen erhältst.
- Anschließend befestige die Flügel mit dem Kleid. Dazu kommt an der Unterseite des Flügels nochmal das Klebeband zum Einsatz. Nimm ein Stück Draht oder Faden und führe es durch die Löcher im Zentrum zwischen Flügel und Kleid.
- Danach kommt das Engelsköpfchen: Nimm beide Enden des Drahts oder Fadens und fädle es durch die Holzperle. Abschließend knote eine Schleife, sodass Du den Engel in ein Fenster oder an den Tannenbaum hängen kannst.

Für diesen Tag:

- Leg Dich in den Schnee. Bewege Deine Arme. Sei ein Schnee-Engel.
- Erinnerst Du Dich noch an Kartoffeldruck? Herzen, Sterne, Tannenbäumchen mit der Knolle und Farbe auf Papier gedruckt. Für manches ist man nie zu alt. Du wirst sehen.
- Erkenne Engel nicht nur an Flügeln.

8. Dezember – Sehnsucht

Das Ende vom Paradies

Adam und Eva. Ihr Leben könnte nicht schöner sein. Doch ihre Sehnsucht bleibt groß. Obwohl die Bäume voller Kirschen hängen und Blaumeisen auf ihren Schultern Platz nehmen. Obwohl über ihren Köpfen an einem chagallblauen Himmel Wolkenbilder entstehen und man im Meer bis auf den Grund sehen kann. Ganz ohne Taucherbrille. Obwohl die Luft oft nach frischgebrühtem Kaffee und Waffelteig duftet und ihr Schlaf voller süßer Träume ist. Obwohl sie gewollt, beschützt und geliebt sind. Die Sehnsucht bleibt. So zu sein wie Gott.

Der Anfang vom Paradies

Jesus Christus. Als Kind schon ist er in Gefahr. Ein König soll er sein? Ein Retter? Für so jemanden ist kein Platz in einer Welt, die das Paradies längst vergessen hat. Doch er lässt sich nicht unterkriegen. Kämpft. Seine Waffen sind Worte und sein Herz ein Kompass. In sich trägt er eine Sehnsucht nach Wundern, Freunden und seinem Vater. Und die macht ihn unbesiegbar. Auch als um ihn herum alles so dunkel wird, als habe jemand plötzlich das Licht ausgeknipst und unter dem Kopfkis-

sen läge keine Taschenlampe versteckt. Für Notfälle.
Nicht wie Gott will er sein. Sondern sein Sohn.
Gott nahe zu sein. Das ist sein Glück.
Und so wird er zur zweiten Chance eines Himmels auf Erden.
Für alle.

Erinnerung ans Paradies

Um genau zu sein, kehrt das Paradies an Heiligabend in geradezu jedem deutschen Wohnzimmer ein. Manchmal scheint es sich zu verstecken: Hinter zu hohen Erwartungen, tausend Päckchen, bei denen man den Überblick verliert, oder dem Bemühen um Friede-Freude-Eierkuchen-Familiesein, obwohl das eigentlich das ganze Jahr über nicht klappt. Aber die Erinnerung ans Paradies bleibt. Wir hängen sie in Form von Kugeln an den Christbaum. In Gold, Rot oder Silber. Wie Paradiesäpfel. Rund und vollmundig. Verlockend. Sie verleihen dem Heiligen Abend einen besonderen Glanz. In ihnen spiegelt sich das Licht der Kerzen oder Lichterketten. Kugeln gehören dazu, schmücken den immergrünen Baum, sind Erinnerung und Auftrag zugleich: Das Paradies ist nah. Vergesst es nicht. Bewahrt es.

Für diesen Tag:

- Mache Licht. Zünde Kerzen an. Im ganzen Haus. Auf jedem Fensterbrett, auf jeder Treppenstufe, auf jedem Beistelltisch. Lass Dein Zuhause leuchten. Und Deine Augen auch.
- Suche Dein Paradies. Wie sieht Dein Garten im Winter aus? Wie riecht der Friedhof? Wie klingt die Bibliothek, wenn keine Menschen mehr dort sind?
- Halte die Nase in den Winterwind.

9. Dezember – Botschaft

Stille Post

Einmal fand ich in meinem Briefkasten einen schlichten weißen Briefumschlag, auf dem der Absender fehlte. Neugierig öffnete ich ihn schon auf dem Weg zurück in die Wohnung und zog ein fast leeres Blatt Papier hervor. Nur zwei Worte waren darauf notiert und ein paar Zahlen. In schwarzer Tintenschrift mit Buchstaben, die sich allesamt etwas nach links neigten, stand dort:

Gebrauchsanleitung: Psalm 16,11

Ich drehte den Zettel um, in der Hoffnung, auf der Rückseite noch mehr zu entdecken. Einen Hinweis auf den Absender vielleicht oder ein paar weitere Informationen. Nichts. Das Papier war fester als normal. Ein bisschen edler. Kein hastig geschriebener Einkaufszettel, sondern eine Botschaft, sorgsam verfasst. Ein bisschen erinnerte mich das Ganze an eine Schnitzeljagd. *Folge den Zeichen und du wirst mehr erfahren.* Ich suchte im Bücherregal nach der Bibel und schlug sie an der genannten Stelle auf. Psalm 16,11:

Du zeigst mir den Weg zum Leben. Dort, wo du bist, gibt es Freude in Fülle; ungetrübtes Glück hält deine Hand ewig bereit.

Ich las die Worte wieder und wieder. Aus Psalmen hatte ich mir eigentlich noch nie viel gemacht. Und doch blieben mir die Worte *„Freude in Fülle“*, *„ungetrübtes Glück“* und *„ewig“* im Gedächtnis. Ich versuchte mir einen Reim auf *„Gebrauchsanleitung“* zu machen und fand zunächst keinen.

Vielleicht war an dieser Stelle die Schnitzeljagd zu Ende. Nie wieder hatte ich im Briefkasten einen Zettel mit einer solchen Botschaft. Auch der Absender gab sich mir nie zu erkennen und doch dachte ich noch oft darüber nach. Den Zettel mit der seltsamen Botschaft pinnte ich mit einer Reißzwecke über meinen Schreibtisch. Und je länger er dort hing, desto mehr ergab der Zusatz „Gebrauchsanleitung“ einen Sinn für mich.

Wenn mein Schreibtisch von Arbeit überschwemmt war und ich nicht wusste, wie ich das Chaos in meinem Kopf bändigen sollte, wenn das Geld am Monatsende denkbar knapp war und der Regen gegen die Fensterscheibe peitschte, erinnerte ich mich an diese alten Worte. *Freude in Fülle. Ungetrübtes Glück. Ewig.* Ich versuchte sie zu gebrauchen. In Gedanken und Gesprächen. Nicht immer nur die Kehrseite des Glücks zu sehen, sondern das Glück selbst: klar und ungetrübt. Ewig kam mir anfangs ganz schön lang vor. Doch mit der Zeit gewöhnte ich mich an den Gedanken an eine Ewigkeit. *„Freude in Fülle“* ließ ich mir auf der Zunge zergehen. Wieder und wieder. Bis ich schließlich lächelte.

Nach einer Weile konnte ich die Worte auswendig. Psalm 16,11 war zu meinem Psalm geworden.

Und so schnitt ich eines Tages aus weißem, etwas festem Papier ein paar gleich große Karten aus. Mit schwarzer Tinte und Buchstaben, die sich allesamt etwas nach rechts lehnten, schrieb ich kleine Botschaften darauf. Gebrauchsanleitungen für graue Tage oder am besten für ein ganzes Leben. Ich schlug die Bibel an beliebigen Stellen auf und wählte dann doch sorgsam aus.

Psalm 4,9 für die Schlaflosen. Psalm 37,5 für die Ängstlichen. Psalm 98,1 für die Fröhlichen. Psalm 36,8 für die Heimatlosen. Psalm 85,11 für die Liebenden. In meinem Freundes- und Bekanntenkreis gab es sie alle.

Ich schrieb Namen und Adressen auf Briefumschläge und verzichtete auf einen Absender. Ich musste lächeln bei der Vorstellung, dass in ein paar Tagen ein paar Ahnungslose Gebrauchsanleitungen aus dem Briefkasten ziehen würden. Vielleicht waren manche so neugierig wie ich und schlugen in der Bibel ihren Psalm nach. Und vielleicht freuten sie sich dann.

Ich wünschte es ihnen.

Gabriels Liste

Wenn Gabriel lacht, werden seine Augen ganz klein. „Schweinsäuglein“, nennt Oma sie. Wenn sie das sagt, muss Gabriel noch mehr lachen. Er mag Oma und er mag Schweine. Am liebsten die aus Marzipan und die, die Glück bringen. Als Gabriel geboren wurde, waren es keine Glücksschweine, an die seine Eltern denken konnten. Viel eher dachten sie an Gewitterwolken und Pechvögel. An sorgenvolle Momente und irgendwie zerplatzte Träume. Weil Gabriel anders ist als andere Kinder. Und es immer bleiben wird. Doch voll Zuversicht nannten sie ihn „Gabriel“. Wie der Engel, der eine frohe Botschaft verkündet. Ein bisschen ungestüm und mit einer Freude, die ansteckend ist. „Ich kenne niemanden, der soviel lacht wie Gabriel“, hören seine Eltern oft. Wenn Gabriel am Abend im Bett liegt und Papa ihm vorliest und Mama ihm noch einen Gute-Nacht-Kuss gibt und ein Kreuzzeichen auf die Stirn malt, dann lächelt er und zählt all die Menschen auf, die er lieb hat. So lange, bis er einschläft. Weil die Liste lang ist. Unendlich lang.

Für diesen Tag:

- Wünsche jemandem Glück.
- Überlege, was für Dich Gott ist und was die Welt.
- Schlage die Bibel an einer beliebigen Stelle auf und versuche, Dir einen Satz zu merken.

10. Dezember – Traum

Joseph in der S-Bahn

Neulich in der S-Bahn traf ich plötzlich Joseph. Dass er es war, begriff ich erst, als er schon längst wieder ausgestiegen war und seiner eigenen Wege ging. Doch für einen kurzen Moment war ich Teil seiner und er Teil meiner Geschichte geworden.

Er trug eine schwarze Cordjacke und eine dazu passende Hose. Auf dem Kopf hatte er einen großen Hut und um die Taille einen Gürtel mit goldener Schnalle. Seine schweren Schuhe waren weiß vor Staub und unter seinem Hut lugte ein langer Pferdeschwanz hervor.

Kurz bevor sich die S-Bahn-Türen mit lautem Piepen schlossen, sprang er herein und kam nur knapp vor mir zum Stehen. Ich war in Gedanken bereits beim Abendessen. Die Riemen meiner Tasche schnitten mir in die Schultern und ich überlegte, dass heute ein guter Abend für ein Lavendelbad wäre. Ich erschrak fürchterlich, als der junge Mann wie aus dem Nichts vor mir stand. „Sorry", murmelte er und entblößte beim Lächeln ein paar etwas schiefe Schneidezähne. „I was too late", sagte er dann und zuckte entschuldigend mit den Achseln. „No problem", antwortete ich, nachdem ich den ersten Schrecken überwunden hatte. Ich musterte ihn. Zünftig sah er aus. Ein Zimmermann, vermutete ich. Einen Hammer trug er in einer seiner Hosentaschen und seine

Jacke wurde von zwei Knopfreihen zusammengehalten. „Where are you from?“, fragte ich und war einen Moment überrascht über meinen Mut, ihn einfach anzusprechen. „From Germany“, sagte er und ich musste lachen. „Warum reden wir dann Englisch?“, fragte ich dann. Er lachte ebenfalls. „Hab ich etwa damit angefangen? Tut mir leid, ich rede so oft Englisch, dass ich es kaum noch bemerke“, entschuldigte er sich. Und dann begann er zu erzählen. Dass er als Zimmermann umherreiste. Zuletzt war er zwei Jahre in Kanada gewesen. Davor hatte er fünf Jahre in Irland gelebt. Er blieb dort, wo die Menschen gute Geschichten zu erzählen hatten und dort, wo ihm ein besonderes Stück Holz in die Finger fiel. Er faszinierte mich. Ungebunden und frei und mit einer großen Liebe zu fremden Kulturen und seiner Arbeit schien er zu sein. Wie viele Menschen gab es von dieser Sorte?

Seinen Namen erfuhr ich nicht und auch nicht, ob er jemals verliebt gewesen war und was passieren musste, damit er blieb und nicht mehr reiste. Sein Leben schien er in den vielen Hosentaschen immer bei sich zu tragen. Er sagte nicht, wie es sich anfühlte, etwas zurückzulassen, was er liebgewonnen hatte. Denn wo gehobelt wird, da müssten doch eigentlich auch Späne fallen, überlegte ich. „Ich folge einfach meinem Traum“, sagte der Zimmermann und aus seinem Mund klang das nicht mal kitschig.

Am Südkreuz stieg eine junge Frau ein. Sie trug einen sehr pinken Wintermantel und einen gerade geschnittenen blondierten Pony. Der Mantel wölbte sich über ihrem schwangeren Bauch und sie sprach in schnellem Polnisch in ihr Smartphone. Mein Blick wanderte von ihr zum Zimmermann und wieder zurück und mit einem Mal wünschte ich mir, ich hätte eine Kamera dabei gehabt. Um einzufangen, welcher Anblick sich mir an diesem frühen Abend, an dem es draußen bereits dunkel war, in einer Berliner S-Bahn bot.

Joseph und Maria. Der Zimmermann und die Schwangere. Ein Stück Weihnachtsgeschichte auf meinem Heimweg. Vielleicht ein Krippenspiel, inszeniert von wem auch immer.

Vermutlich hießen sie eher Paul und Natascha. Vielleicht auch ganz anders. Aber sie gaben mir die Zuversicht, Weihnachten auch in meinem Alltag entdecken zu können. Vielleicht wenn ich am allerwenigsten damit rechnete. Ich musste wohl einfach nur genau hinschauen und ein bisschen dran glauben.

Für diesen Tag:

- Erinnerst Du Dich an den Traum der letzten Nacht? Was hast Du als Kind geträumt? Was erträumst Du Dir von Deiner Zukunft?
- Mach aus MÜSSEN ein DÜRFEN.
- Bette Dich in Federkissen. Gönn Dir Ruhe. Winterschlaf brauchen alle mal.

11. Dezember – Vorbereitung

Gott
Für heute
Schenk mir Muße
Zur Vorbereitung deines Kommens
Amen

Das VOR in Vorbereitung

Stell Dir vor, Du bist auf dem Heimweg. Du kannst das Haus, in dem Du wohnst, schon sehen. Dein Magen knurrt. Und Du denkst: Hoffentlich sind noch ein paar Nudeln von gestern da. Du hast es eilig, willst endlich Feierabend haben. Aber das Bad ist nicht geputzt, die Wäsche nicht abgehängt und das Geschirr stapelt sich neben der Spüle. In Deinem Kopf spukt das Telefonat mit Deiner Schwester herum: Warum haben Dir die richtigen Worte gefehlt? Warum legtet Ihr auf, ohne ein Es-tut-mir-leid auf den Lippen?

In zwei Wochen ist Weihnachten und noch immer wartest Du auf dieses eine Gefühl. Dieses knisternde, gespannte Gefühl, diese Vorfreude, die sich in diesem Jahr einfach nicht einstellen will. Als hättest Du vergessen, was Dir Weihnachten eigentlich bedeutet.

Am letzten Sonntag bist Du deswegen sogar extra in die Kirche gegangen. Lieder und Gebete zogen an Dir vorüber. Die Luft roch nach Weihrauch und ein bisschen nach Tannennadeln und Oma-Parfüm. Du suchtest Dir einen Platz in einer der hinteren Bänke. Lange warst Du nicht hier gewesen. Eigentlich bist Du seit Jahren nur noch auf dem Papier Kirchenmitglied. Die Predigten erreichen Dich nicht mehr, reichen Dir nicht. *Sei doch nicht immer so kritisch*, sagt Mama oft. Verständnislos. Für sie wäre ein Sonntag ohne Gottesdienst kein Sonntag. Du schläfst lieber aus und frühstückst im Bett, während draußen die Kirchenglocken ihre Schäfchen anlocken. *Kommt zur Kirche, kommt zur Kirche.* Immer im gleichen Rhythmus.

Am großen Adventskranz, der unter der Kirchendecke hing, wurde die zweite Kerze entzündet und alle sangen: *„Wir sagen euch an den lieben Advent*". Du musstest dich zusammenreißen, nicht die Augen zu verdrehen. *Der liebe Advent,* was soll das sein? Im Gesangbuch fanden Deine Augen einen anderen Text: *„Es ist für uns eine Zeit angekommen."*

Diese Zeile fällt Dir nun auf dem Heimweg plötzlich ein. *Eine Zeit für mich*, denkst Du und schon wird Dein Hunger etwas weniger. Das Geschirr neben der Spüle erscheint Dir gar nicht mehr so schlimm und das Bad kann auch morgen noch geputzt werden. Du gehst ein bisschen schneller. In Deiner warmen Wohnung wartet ein Sofa und im Kühlschrank Dein Lieblingsschokopudding. Gleich wirst Du Deine Schwester anrufen. Ihr sagen, wie leid es Dir tut, dass Du oft so stur bist. Und gemeinsam werdet Ihr euch an Weihnachten erinnern. An damals, als Ihr noch klein wart. Als jeder Tag im Advent ein besonderer Tag war. Mit Herzklopfen schon am frühen Morgen: *Was mag heute im Kalender versteckt sein?*

Nicht alles muss heute schon perfekt sein. Nicht umsonst gibt es die Adventszeit. Erst in zwei Wochen ist Weihnachten. Heute zählt das *Vor* in Vorbereitung. Damit Du an Weihnachten schließlich sagen kannst: Alles ist bereit. Besonders Du selbst.

Welche 5 Dinge würden Dir heute guttun, damit dieser Tag ein 5-Sterne-Tag für Dich sein kann?

Mein 5-Sterne-Tag

Für diesen Tag:

- Streiche aus STRESS zwei S und mach was mit dem REST.
- Geh einen Christbaum kaufen. Lass Dich von Tannennadeln piksen, gönn Dir ein Tässchen Glühwein und ein Gespräch mit den Pfadfindern. Atme diesen ganz besonderen Duft nach Tannengrün ein, der verheißt: Bald ist Weihnachten.
- Schreibe ein Elfchen. Finde elf Worte zum Advent.

12. Dezember – Segen

Segen
begleite Deinen Weg
Licht führe
Dich durch jedes Dunkel
warm sei Dein Herz
und Dein Bett
und Dein Leben.

Gott in Gummistiefeln

Gott schlüpft in die grünen Gummistiefel und greift nach seiner Regenjacke am Haken. Er will mal nach dem Rechten sehen. Schauen, wie es um seinen Wintergarten und die Vogelhäuschen steht. Er streicht über den samtenen Flaum der Weidenkätzchen und spricht ein bisschen mit dem alten Pflaumenbaum. Er befreit den etwas rostigen Gartenstuhl von einer dünnen Schneedecke und rückt ihn gerade. Für den, der dort Platz nehmen möchte. Wann immer er mag. Gäste sind Gott willkommen. Zu jeder Jahreszeit. Neben dem Gartenzaun hängt ein Schild: *„Eden für jeden"*, steht darauf. Mit weißer Farbe hat er es selbst bepinselt.

Im Frühling lädt Gott zum Auftanken zwischen Schneeglöckchen und Buschwindröschen ein. Manche nennen das Exerzitien, er nennt es Frühlingserwachen.

Im Sommer spendet eine Segensdusche Erfrischung für Herz und Seele. Aus einem Gartenschlauch und einem alten Duschkopf hat Gott eine ausgeklügelte Konstruktion gebastelt. Niemanden lässt er im Regen stehen, jedem reicht er anschließend ein Handtuch. Aber die meisten wollen keins. Lieber die Tropfen von der Sonne trocknen lassen. Damit der Segen länger an ihnen haftet.

Im Herbst hängt der Apfelbaum voll mit süßen Früchten. An goldenen Oktobertagen ist genug für alle da und keiner muss die Vertreibung fürchten. Gott gibt ein Erntedankfest mit Kürbissuppe, Lampionblumen und einem knisternden Kartoffelfeuer in seinem Garten.

Im Winter kommen weniger Gäste. Alles kommt zur Ruhe. Auch Gott selbst. Er betrachtet seinen Garten und streut ein paar Sonnenblumenkerne für die Vögel aus. An der Fensterscheibe blühen Eisblumen. Zart und feingegliedert schmücken sie das Glas. Manchmal hab ich wirklich schöne Einfälle, denkt Gott.

Im Haus ist es warm. Gott zündet ein paar Kerzen an. Wie Sterne in der Nacht sehen sie aus. Weil den Menschen Licht gut tut. Besonders in der dunklen Jahreszeit. Mal sehen, vielleicht kommt ja heute noch jemand zu Besuch. Gott hätte jedenfalls nichts dagegen. Behutsam lässt er seine Finger über die elfenbeinfarbenen Tasten seines Klaviers wandern und findet eine Melodie auf das Leben. Bis ein neues Jahr anbricht.

Pflanze. Gieße. Blühe.
Dann kann Himmel sein.

Für diesen Tag:

- Lass das Handy heute zu Hause. Sag Deinen Liebsten Bescheid, wo Du bist, und hab einen Tag, an dem die Glocken süßer klingen als Dein Smartphone.
- Fass Dir Dein Herz.
- Reiche jemandem die Hände. Als Begrüßung. Als Zeichen der Versöhnung. Als Wärmespender. Vielleicht ein erstes Mal. Sei ein Segen.

13. Dezember – Licht

Lucia

Zwischen den Vorhängen
hängt längst noch der Schlaf,
als eine Tür sich öffnet,
frühmorgens und leise,
und Licht
ins Dunkle bringt,
den Tag
und Frühstück.

Lichtblick

In Schweden und anderen skandinavischen Ländern gibt es einen besonderen Brauch. Einen Lichtblick mitten im Winter. Kein staatlicher Feiertag, viel eher ein familiärer. Am 13. Dezember wird traditionell das Luciafest gefeiert. Die älteste Tochter einer Familie trägt ein weißes Gewand mit rotem Band um die Taille und auf dem Kopf einen Lichterkranz. Sie bringt Licht in die Dunkelheit des Morgens und meist auch ein Tablett mit Frühstück.

Worauf diese Tradition zurückzuführen ist, ist nicht ganz eindeutig. Manche Historiker sehen Parallelen zu der Heiligen Lucia von Syrakus, die am 13. Dezember ihren Namenstag feiert. Ihr Name bedeutet „die Leuchtende" und durch ihre aufopferungsvolle Hilfe brachte auch sie Licht in die Dunkelheit armen Lebens. Um die Hände zum Helfen frei zu haben, trug sie der Legende nach Kerzen auf dem Kopf.

Doch ganz egal, wer oder was diesen Brauch ganz ursprünglich ins Leben rief: Der 13. Dezember ist ein Tag, der dazu einlädt, Kerzen anzuzünden, dem Wintergrau die Stirn zu bieten, Hände und Herz frei zu haben und andere anzustecken. Mit Vorfreude und Hoffnung auf Weihnachten zum Beispiel.

Mache Dich auf. Werde Licht. Denn Dein Licht kommt.

Hinter erleuchteten Fenstern

Ich mag es, im Advent durch die Straßen meiner Stadt zu laufen. Am frühen Abend, wenn das Licht des Tages vielleicht gerade zwei Stunden fort ist und hinter den Fenstern langsam Lampen angeknipst und Kerzen entzündet werden.

Warm angezogen, die kalten Finger in Handschuhen versteckt und mit einer warmen Mütze auf dem Kopf, laufe ich umher. Ich habe es nicht eilig. Mein Ziel liegt in der Ferne. Viel wichtiger ist der Weg.

Mir gefällt es, in die erleuchteten Fenster zu lugen, mir vorzustellen, was dahinter geschieht. Ich erfinde Geschichten, vergebe Namen, Lieblingsessen und Biographien. Stelle mir vor, was die Menschen hinter den Fenstern bewegt und wovon ihr Leben handelt. Von Sorgen oder Wut. Liebe oder verletzen Gefühlen. Trauer oder Zuversicht.
Sie alle warten auf Weihnachten.

Hinter einem Fenster in der ersten Etage zündet eine Frau zwei Kerzen an einem Adventskranz an. Kurz wird auch ihr Gesicht erleuchtet, ihre Bewegungen und die flackernden Flammen spiegeln sich in der Fensterscheibe. Plötzlich wendet sie sich um, spricht mit jemandem. Ich kann ihr Gegenüber nicht sehen, nur erahnen, dass es vielleicht ein Kind ist, das fragt, ob es nicht bittebitte heute schon das nächste Türchen am Adventskalender öffnen darf. *Es ist ja schon fast wieder ein neuer Tag.*

Im Nachbarhaus wird Klavier geübt. Mit geradem Rücken und einem straffen Pferdeschwanz im Nacken, der im Takt des Metronoms wippt. Zu Mozart vielleicht. Oder Coldplay. *Lights will guide you home.*

Ein anderes Zimmer wird von blauem Licht erhellt. Es flackert kurz auf. Dann ist es wieder ruhig. Bis erneut Schüsse fallen. Und das im Vorabendprogramm. Im *Großstadtrevier*. Daniela läuft von Zimmer zu Zimmer, füllt Katzenfutter in den kleinen Napf auf dem Küchenfußboden, macht die Waschmaschine an. In der Mikrowelle zieht eine Portion Tortellini mit Sahnesoße ihre Kreise. Die Stimmen und Schüsse im Wohnzimmer nimmt Daniela gar nicht richtig wahr. Nicht wichtig sind Täter und Opfer. Nur still soll es nicht sein. Bitte nicht so still. Und einsam.

Obendrüber ist das Licht bereits gedimmt. Damit die Kinder zur Ruhe kommen. Damit das Zubettgeh-Programm heute mal nicht zwei Stunden dauert. Mit abendbrotvollem Bauch und vom Bad noch feuchten Haaren sitzen Emma und Lukas im Schlafanzug vor dem Fernseher. Eine halbe Stunde KIKA dürfen sie noch gucken. Aber dann ist Schluss. Sonst gibt's morgen nichts im Adventskalender. *Und das wollt ihr ja wohl nicht, oder?*

Im nächsten Haus werden rasch die Vorhänge zugezogen. Jürgen fühlt sich ertappt. Es ist nicht mal sieben Uhr und sein Atem riecht bereits verdächtig nach der schweren Süße des Alkohols. Kleiner Feigling, denkt er und öffnet mit zittrigen Händen die Weinbrandflasche.

Sein warmer Trost. Weil es draußen doch so kalt ist. Und in ihm drin irgendwie auch.

Eine Straße weiter ist eine Wohnung in warmes Licht getaucht. Die Scheiben beschlagen, als Laura kurz den Backofen öffnet und mit beherzten Händen und einem Holzstäbchen hineingreift, um den Braten zu testen. Garprobe. Ein kurzer Blick auf die Küchenuhr. Das Fleisch wird perfekt sein, wenn die Gäste kommen. Auf dem Herd köcheln die Kartoffeln leise vor sich hin. Zeit für ein erstes Glas Rotwein. Zu zweit. Sebastians Hände liegen auf ihrer Hüfte. *Krawatte oder nicht*, fragt er seine Verlobte. Stolz erfüllt ihn, wenn er sie so nennt. Sanft küsst er ihren Nacken. *Schön machst du es uns*, flüstern seine Lippen. Und Laura lächelt.

Auf der Fensterbank der Nachbarn blinkt es blau, weiß und rot. Carmen und Micha haben einen Traum. Von einem Leben in Amerika. Dort, wo ein Tellerwäscher zum Millionär werden kann. Das haben sie schon oft gehört. *Die Auswanderer* wollen sie sein. Wenn das Geld vom Amt mal bis zum Monatsende reicht, sie etwas zurücklegen können, dann soll ihr Traum endlich wahr werden. Einen Frosty auf der Fensterbank haben sie jedenfalls jetzt schon und einen aufblasbaren Weihnachtsmann auch. Er baumelt an der Hausfassade und bewegt sich mit jedem Windzug ein bisschen hin und her. An die Heizkörper im Wohnzimmer haben sie Socken gehängt. So haben sie es in den amerikanischen Weihnachtsfilmen gesehen. *Für Santa*. Zum Befüllen. Man muss nur fest dran glauben.

Die glühenden Zigarettenstummel auf dem Balkon sehen aus wie Hoffnungsschimmer.

Und dann bin ich plötzlich da. In meiner eigenen Straße. In meinem eigenen Zuhause. Meiner eigenen Geschichte. Auf der Fensterbank steht ein Licht. Es wartet auf mich. Und ich kann es gar nicht erwarten, hineinzugehen.

Für diesen Tag:

- Frühstücke. Mit einem weichen Ei, einem Stück Christstollen, einer Kerze auf dem Küchentisch.
- Stell Dir vor, der Regen, der an Deine Fensterscheibe prasselt, klingt wie Applaus. Für Dich und Deinen Tag.
- Schmücke etwas. Den Tannenbaum, das Treppenhaus oder Dich.

14. Dezember – Trost

Esther

Eigentlich hätte alles ganz anders werden sollen. Anfangs hatte noch Hoffnung bestanden. Für sie alle. Doch mit der Zeit hatte sich Gewissheit in Monas Herz geschlichen. Nichts würde so werden, wie sie es geplant, geträumt, gewünscht, gehofft hatten. Gar nichts.

Keine Sekunde des 14. Dezembers hatte sie vergessen. Ein Jahr war seitdem vergangen, doch Monas Erinnerungen waren so klar, als wäre es erst gestern passiert. Sie erinnerte sich, wie die Wehen begonnen hatten. Erst langsam und unregelmäßig, doch dann immer häufiger. Tim war sehr aufgeregt gewesen. Eigentlich war es für die Geburt noch zu früh. Mona wusste noch, dass seine Hände auf dem Lenkrad ein wenig gezittert hatten, als er rückwärts aus ihrer Einfahrt hinaus gefahren war, um sie ins Krankenhaus zu bringen. Und doch hatte ein besonderer Glanz auf Tims Gesicht gelegen. Eine Mischung aus Vorfreude, Anspannung und Stolz. Ungeheurem Stolz, nun endlich und ganz wahrhaftig Vater zu werden. Seine Stimme hatte sie beruhigt. „Alles wird gut, Mona. Wenn wir zurückkommen, sind wir zu dritt", hatte er gesagt und mit der rechten Hand sanft über ihren runden Bauch gestreichelt.

Die Straßen waren frei gewesen um vier Uhr morgens. Nur ein paar Straßenlaternen säumten ihren Weg und natürlich die Sterne. Tausende Sterne über ihren Köpfen und dem Autodach. Selten waren so viele in der Stadt zu sehen. Doch vor ein paar Tagen hatte es zum ersten Mal in diesem Winter geschneit. Die Luft war eiskalt und der Himmel wolkenlos.

Im Krankenhaus waren sie herzlich empfangen worden. Claudia, ihre Beleghebamme, war sofort gekommen, nachdem Tim sie angerufen hatte. Es machte Mona zuversichtlich, in dem großen Krankenhaus nicht allein zu sein, eine vertraute Person an ihrer Seite zu wissen. Jemanden mit Erfahrung. Die Geburt dauerte mehrere Stunden. Mehr als einmal fühlte sich Mona am Ende ihrer Kräfte. Doch die Freude auf ihre Tochter, die sie fast neun Monate lang sehnlichst erwartet hatte, machte sie zu einer Kämpferin. „Alles wird gut. Du schaffst das“, hatte Tim immer wieder gesagt, während Mona ihm seine Hand fast zerquetscht hatte. Sie schrie. Sie weinte. Sie kämpfte. Und dann war es plötzlich vorbei. Ihr Kind war zur Welt gekommen. Doch was Mona am meisten im Gedächtnis blieb, war die Stille, die folgte. Diese sonderbare Stille, die plötzlich alle um sie herum in Hektik versetzte. Eine Stille, die nie enden würde.

Mona verbrannte sich die Zungenspitze an ihrem Tee. Im Wohnzimmer hatte sie Kerzen angezündet. Ihr Gesicht spiegelte sich in der großen Scheibe der Terrassentür. Dick eingekuschelt in eine lange Wolljacke und mit einer dampfenden Tasse in der Hand stand sie am Fenster und versuchte in der Dunkelheit etwas zu erkennen.

Doch immer wieder sah sie nur in ihre eigenen Augen. Müde sah sie aus. Das war sogar in der Spiegelung zu erkennen. Die Trauer hatte ihre Spuren hinterlassen. Innen und außen. Mona dachte an den 14. Dezember vor einem Jahr. Die letzte Vorsorgeuntersuchung hatte auf keinerlei Komplikationen hingewiesen. Alles war vorbereitet gewesen. Das Haus, das Kinderzimmer und am meisten sie selbst. Viele Jahre lang hatten Tim und sie vergeblich versucht, Kinder zu bekommen, und unbeschreiblich war ihre Freude über die Gewissheit, dass es endlich geklappt hatte. Doch das hergerichtete Kinderzimmer war leer geblieben.

Herzfehler. Nicht lebensfähig. Unfassbar traurig. Das alles waren Worte, die Mona in den Tagen nach der Geburt ihrer Tochter häufig gehört hatte, und doch waren sie an ihr abgeprallt, als befände sie sich hinter einer dicken Glasmauer. Sie hatte es nicht glauben können, nicht glauben wollen. „Wir haben alles probiert“, hatten die Ärzte ihr versichert. Doch alle Versuche der Reanimation waren erfolglos geblieben. Das Kind war nur wenige Minuten alt geworden. Auf der Brust seiner Mutter hatte sein Herz aufgehört zu schlagen.

Und damit war es auch zwischen Mona und Tim still geworden. Ihnen fehlten die Worte. Als wäre auch von ihnen ein Teil gestorben. Erst langsam waren sie sich wieder näher gekommen. Ganz allmählich und behutsam. Nachdem Tim seinen verbitterten Kampf um Erklärungen, Schmerzensgeld, Schadensersatz und seine unzähligen Klagen gegen das Krankenhaus aufgegeben hatte und Mona ihm wieder in die Augen blicken konnte. Fast ein halbes Jahr hatte sie das nicht über sich gebracht. Zu groß war die Angst vor dem eigenen Schmerz, der sich auch in Tims Augen spiegelte.

„Hier bist du“, hörte Mona nun Tims Stimme hinter sich und spürte wenig später seine warmen Hände auf ihren Schultern. Zärtlich war er und doch mit einem Rest Vorsicht. „Bist du soweit?“, fragte er leise und Mona nickte. Ihre Tasse ließ sie auf dem Wohnzimmertisch zurück und folgte Tim stattdessen in die Diele. Sie zogen Jacken, Handschuhe und Mützen an. Kalt war es. Doch Schnee hatte es bisher noch keinen gegeben. Tim nahm die Laternen mit den kleinen Lichtern darin, die Mona in der Wohnung verteilt hatte, und verstaute sie in einem Korb. Sie sollten nun anderswo leuchten.

Auf dem Friedhof war es still. Nur die Kirchturmuhr schlug sechs Mal und eine ältere Dame kam ihnen mit einem kleinen Dackel entgegen, der neugierig an Tims Hosenbein schnüffelte. Am Grab angekommen, ging Mona vorsichtig in die Hocke. So oft war sie hier gewesen. Ein Jahr lang. Sie hatte Blumen gepflanzt und Unkraut gezupft, Kerzen aufgestellt und immer wieder mit dem Zeigefinger über den runden naturbelassenen Grabstein gestrichen.

Esther
**14.12.2014 †14.12.2014*

Erst diese Buchstaben und Ziffern in Stein gemeißelt waren es gewesen, die Mona verständlich gemacht hatten, dass ihre Tochter tatsächlich gestorben war. Name und

Geburtsdatum und eine Beerdigung hatten ihr Leben für einen Augenblick wahrhaftig gemacht. Auch wenn es denkbar kurz gewesen war.

Mit den Laternen bildete Tim auf dem Grab einen Stern. „Für unser Sternenkind“, sagte er leise. Und dann noch: „Happy Birthday“. Mona spürte, wie ihr heiße Tränen in die Augen traten, und sie drückte Tims Hand ganz fest.

„Wie schön, dass du geboren bist, kleine Esther“, flüsterte sie und spürte mit einem Mal eine tiefe Dankbarkeit, Esther wenigstens ein paar Augenblicke lang kennengelernt zu haben.

Für diesen Tag:

- Nimm Abschied. Von einer verlorenen Liebe. Von einer traurigen Kindheit. Von dem vergangenen Jahr. Und freue Dich auf das, was kommt.
- Schau in den Himmel. Was entdeckst Du?
- Frage nicht. Warum.

15. Dezember – Wünsche

ich wünsche dir
zeit, dinge zu tun, die dich beflügeln.
fantasie, die welt bunter zu sehen, als sie ist.
menschen, die deinen rücken stärken. jederzeit.
träume, die dein leben reich machen, auch wenn sie
sich nicht sofort erfüllen.
worte, die dir unverhofft begegnen
und dein herz berühren.
reichtum, der sich nicht an goldtalern messen lässt und
dich doch königlich beschenkt.
gesundheit, die dich leben lässt, wie du es dir wünschst.
mut, die zukunft zu deiner zu machen.
liebe, die bleibt.
erinnerungen, an denen du dich festhalten kannst,
wenn leere dich erfüllt.
freude, so strahlend, dass sie jede dunkelheit besiegt.
musik, die dich tanzend macht. einfach so.
offenheit im blick: du bist nicht allein.
kraft, entscheidungen zu treffen. für veränderungen ist
es nie zu spät.
segen, der dich begleitet und dich schützt.
orte, die du zuhause nennen kannst.
zuversicht, dass am ende alles gut wird.
glück, so viel, dass du es gerne teilst.

Wunsch frei

„Haben Sie noch einen Wunsch?“, riss eine junge Frauenstimme Margarethe aus ihren Gedanken. Sie hatte aus dem Fenster geschaut und einen Mann mit Hund und Kinderwagen beobachtet, der mit eiligen Schritten über den Gehsteig lief und in einem Bioladen verschwand. Sie blickte auf und sah in die großen braunen Augen der Kellnerin. „Das hat mich lange keiner mehr gefragt“, hörte sie ihre eigene Stimme langsam sagen. Die Kellnerin wirkte einen Moment irritiert. „Wie bitte?“

Margarethe lächelte zaghaft. „Ob ich noch einen Wunsch hätte, das hat mich lange keiner mehr gefragt“, erklärte sie dann. Die Kellnerin nickte verständnisvoll. „Dabei haben sie doch bestimmt einen, oder?“, fragte sie und schien so gelassen zu sein, wie Margarethe es nur selten bei Kellnern wahrnahm. Meist ging es eher um eine schnelle Bedienung, wirklich höflich waren die wenigsten und ehrlich interessiert an ihren Gästen eigentlich niemand.

Margarethe überlegte einen Augenblick. „Naja, es ist ein bisschen wie mit den Träumen. Die werden auch weniger, je älter man wird.“ Die junge Kellnerin schaute interessiert. „Ja, ist es denn nicht so, dass man als junger Mensch das Gefühl hat, die ganze Welt liege vor einem? Und man malt sich aus, was man alles damit machen kann. Man träumt von Reisen in ferne Länder, einem erfüllenden Beruf und der großen Liebe“, bei diesen Worten zwinkerte Margarethe der Kellnerin kurz zu, „und nach und nach erfüllen sich die Dinge vielleicht. Manche auch nicht. Aber das ist eigentlich auch gar nicht schlimm.“

„Da haben Sie vermutlich Recht“, stimmte die Kellnerin Margarethe zu. „Und mit den Wünschen ist es genauso?“, fragte sie dann. Margarethe wies mit ihrer von bläulichen Adern überzogenen Hand sanft auf den Stuhl ihr gegenüber. „Wollen Sie sich nicht einen Moment zu mir setzen?“, fragte sie. Die Kellnerin zögerte eine Sekunde, blickte sich im Café um, zur Theke und auf ihre Armbanduhr. „Ähm, gern, wenn Sie möchten. Ich sprech kurz mit meiner Kollegin, ja? Meine Schicht ist ohnehin gleich um.“

Wenig später nahm die junge Frau Margarethe gegenüber Platz. Ihre weiße Schürze hatte sie abgebunden. Dafür brachte sie zwei Tassen Kaffee an den Tisch, auf deren Untertellern jeweils ein Mandelplätzchen lag. Margarethe lächelte erfreut und führte das feine Tässchen mit der heißen Flüssigkeit langsam an ihre Lippen. Sie schluckte bedächtig, dann sagte sie: „Wünsche ändern sich im Laufe des Lebens. Manche werden vermutlich bescheidener. Man braucht nicht mehr so viel.“ „Aber sie bleiben, die Wünsche?“, fragte die Kellnerin und trank ebenfalls einen Schluck Kaffee. „Ich würde schon sagen. Aber es ist nicht schlimm, wenn sie sich nicht gleich erfüllen. Ich habe so viele famose Dinge in meinem Leben erlebt und besessen, mir fehlt nicht mehr viel.“ „Das muss ein schönes Gefühl sein.“ „Ja, das ist es auch, und ich weiß, dass ich mich sehr glücklich schätzen kann, so erfüllt gelebt zu haben. Besonders der Wunsch, etwas besitzen zu wollen, ist mit den Jahren immer kleiner geworden.“ „Aber gab es einmal etwas, dass Sie unbedingt haben wollten?“, die junge Frau blickte Margarethe neugierig an und biss knackend in ihr Mandelplätzchen. Nun musste Margarethe eine Weile nachdenken. Dann schmunzelte sie, fast als würde sie sich ein wenig genieren. „Ja“, sagte sie dann und ein Kichern entwich ihrem Mund „und es kommt mir wirklich ein wenig einfältig vor, dass mir dieser eine Wunsch direkt in den Sinn kommt.“ Die Kellnerin hob abwartend die Augenbrauen.

„Ich habe mir ein Ballkleid gewünscht. Für den Abschlussball unserer Tanzschule. Ein ganz besonderes musste es sein. In dunkelrot. Ich war auf der Tanzfläche nicht zu übersehen“, nun lachte sie richtig und ihr Lachen klang so gar nicht nach dem einer sehr alten Dame. Die Kellnerin grinste.

„Ich hatte es im Schaufenster einer Boutique gesehen, an der ich jeden Tag vorbeikam. Ich war damals noch in der Lehre und hatte weiß Gott kaum Geld, aber ich sparte jeden Pfennig und bat sogar meinen Vater um ein wenig Unterstützung. So sehr wünschte ich mir dieses eine Kleid“, erzählte sie und ihr Blick verriet, dass sie sich selbst vor ihrem inneren Auge sah. Vor vielen, vielen Jahren, als ihre Hände noch glatt und frei von blauen Adern gewesen waren und sie in einem roten Kleid über das Parkett gewirbelt war.

„Ich war wohl ein richtiger Feger. Meinen Tanzpartner habe ich jedenfalls sehr beeindruckt.“ Margarethe tupfte sich mit einer Serviette sanft über die Lippen. Dann blickte sie die junge Frau an. „Und was ist mit Ihnen? Was wünschen Sie sich?“

Die Kellnerin verzog nachdenklich den Mund. „Das haben mich meine Eltern auch schon gefragt. Ist ja bald Weihnachten. Wahrscheinlich wünsche ich mir ein bisschen Geld. Mein Freund und ich würden gern mal zusammen nach Istanbul. Vielleicht im nächsten Jahr. Und eine neue Kamera könnte ich auch gut gebrauchen. Und Bücher. Die kann ich nie genug haben", sagte sie lachend und senkte ein wenig schüchtern den Blick. „Das ist nur alles so materiell. Über richtige Wünsche denke ich gar nicht so oft nach. Also über Dinge, die wirklich wichtig sind." Ihre Stimme klang mit einem Mal fast beschämt.

Doch Margarethe schüttelte sanft den Kopf: „Das würde ich so nicht sagen. Eine Reise kann doch auch sehr wichtig sein. Für Sie und Ihren Freund. Für Ihre Beziehung. Und ehrlich gesagt ist das auch ein Privileg der Jugend. Dass sie eben nicht immer nur an ganz existenzielle Dinge denken. Die Sorgen kommen schon noch früh genug."

Die Kellnerin nickte und rührte mit ihrem Löffel ein wenig in ihrer Kaffeetasse herum. „Ich glaube, am meisten wünsche ich mir, dass alles so bleibt, wie es ist. Dass es meiner Familie und meinen Freunden gut geht, alle gesund sind. Ich selbst natürlich auch. Und dass mein Freund und ich zusammenbleiben, dass wir glücklich sind. Das wünsch ich mir."

„Das klingt aber schon sehr existenziell. Wünschen Sie sich ruhig auch die Kamera und am besten eine ganze Bibliothek. Wünsche sind viel wichtiger, wenn man jung ist. Wenn Sie alt sind, brauchen Sie den ganzen Kram auch nicht mehr", sagte Margarethe und lächelte verschmitzt. Die Kellnerin schmunzelte.

„Aber wenn jetzt die berühmte Fee aus dem Märchen zu Ihnen kommen würde und sagen würde, dass Sie drei Wünsche frei hätten. Was würden Sie dann tun?", fragte die junge Frau ein wenig herausfordernd.

Margarethes Augen blitzten freundlich auf. „Dann würde ich mir mit einem Wunsch wünschen, dass wir beide irgendwann noch einmal hier zusammen eine Tasse Kaffee trinken und die anderen beiden Wünsche würde ich Ihnen schenken."

Für diesen Tag:

- Schreibe Dir selbst eine Weihnachtskarte. Vielleicht eine mit Glitzersternchen darauf und in einem feinen dunkelroten Umschlag verpackt. Spare nicht an Wünschen für ein gutes neues Jahr und eine gesegnete Weihnacht. Setze in schwungvoller Handschrift Deinen Namen darunter. Empfange.
- Horch in Dich hinein. Was tut Dir gut?
- Was ist Dein liebstes Weihnachtslied? Last Christmas? Es ist ein Ros' entsprungen? O Tannenbaum? Hör es Dir auf CD an oder in einem Konzert. Sing mit, während die Plätzchen im Ofen goldbraun werden oder Du in der Innenstadt einen Parkplatz suchst. Musik macht glücklich.

16. Dezember – Würde

Boote voll Hoffnung

„*Es kommt ein Schiff. Geladen bis an sein' höchsten Bord*“, höre, singe, lese ich und in mein Adventsgefühl mischt sich Traurigkeit und Sorge. Weil ich nicht nur an Schiffe reich gefüllt mit Weihnachtsheiligkeit und Geschenken denken kann.

Viel eher fallen mir überfüllte Boote ein: Eng aneinander gedrängt harren täglich unzählige Flüchtlinge darauf aus. Ihr Gepäck ist schwerer, als ein Menschenleben tragen kann, und doch treibt sie eine lebenserhaltende Hoffnung an, diese Reise auf sich zu nehmen, mit doch so ungewissem Ausgang.

Ich muss an wacklige Boote denken, die sich Menschen zu eigen machen, die kein Herz zu haben scheinen, sondern nur Gier kennen. Schlepper, die mit Menschen handeln, als wären sie eine Ware.

Ich muss an zerbrechliche Boote denken, Nussschalen gleich, die kentern und zerschellen, ohne je ihr Ziel erreicht zu haben. Tränen und Meerwasser vermischen sich unbemerkt. Beide sind salzig.

Und ich muss an Küsten denken, die Grenzen bleiben. Mit dem bitteren Gefühl: Alles war umsonst.

Während ich in Deutschland in Seelenruhe und Frieden auf Weihnachten warte, verlieren Menschen ihr Leben und ihre Chance auf eine neue Heimat. Und ich kann nicht wegschauen, nicht vergessen, mache mir Gedanken, auch wenn sie unbequem sind.

Und so wünsche ich und bete, dass dieses so alte Weihnachtslied wahr werden möge: dass ein Schiff die Menschen voll Gnade trage und sein Segel tatsächlich die Liebe sei.

Ein Angstvertreiber

Nicht jeder Weihnachtsmann trägt einen roten Mantel, Zipfelmütze und mit weißem Pelz besetzte Ärmel. Nicht jeder Weihnachtsmann lenkt einen Schlitten und ein Dutzend Rentiere. Nicht jeder Weihnachtsmann mag koffeinhaltige Getränke mit zu viel Zucker. Es gibt auch Weihnachtsmänner, die bleiben im Verborgenen und vermögen es dennoch, einen besonderen Zauber herbeizubeschwören, der sich nicht nur zu Weihnachten zeigt und nicht nur den Kindern.

Wenn ich an einen Weihnachtsmann glaube, dann ist es einer wie Herman van Veen. Hinter seiner Stimme versteckt sich ein Schelm. Ein Naseweis. Ein Erwachsener mit Clownsnase. Mit dem unbeschwerten Herzen eines Kindes am Anfang seines Lebens. Er ist ein Zauberer. Vermag es Schmerzen wegzupusten. Ein bisschen Spucke drauf ist heilsamer als ein dickes Pflaster.

Er kennt die Angst und fürchtet sie doch nicht. Vertreibt die Monster unter dem Bett mit einem Lied. Schnell weg da. Weg da. Weg.

Eine freche kleine Ente namens Alfred Jodukus Kwak stellt er den Ängstlichen an die Seite. Denn: Plitscher, plätscher Feder, Wasser mag doch jeder.

Die Würde der Menschen scheint ihm heilig. Und ganz besonders die der Kinder.

Hut ab, denkt man, wenn man ihn hört. Weil er Geschichten einfängt und sie in Töne kleidet. Mal bedächtig und leise. Mal stürmisch und verspielt. Geboren 1945.

Mit einer Spur Heimat in der Stimme, die immer ein wenig an Windmühlen, Tulpen und Holzklotschen erinnert. Er hat ein Gesicht wie ein Großvater, doch in seinen blauen Augen glitzert es verwegen und ein bisschen verräterisch. Wie Michel aus Lönneberga vielleicht. Als sei der kleine Junge in ihm nie ganz verschwunden. Als jage er ihm nach. Auf den Saiten seiner Geige, die ihn begleitet. Ein Leben lang.

„Denk an jetzt und nicht an später“, singt er und spricht damit vielleicht sein Geheimnis aus. Warum ist er so fröhlich? Der Mann mit dem zärtlichen Gefühl?

Vielleicht, weil er sich selbst nicht so ernst nimmt. Aber wichtig. Vielleicht, weil er weiß, Gott ist der Wind und trägt seine Stimme weit. Vielleicht, weil er weiß: Gott ist kein Richter. Vielleicht viel eher eine Schneeflocke oder ein Wort, das in deinem Herzen wohnt.

Seine Texte klingen weise und verlieren doch nie die Bodenhaftung.

Er ist ein Clown, ein Seiltänzer und ins Leben verliebt.

Und es ist ihm und seinen Zuhörern – groß und klein – zu wünschen, dass sein letzter Applaus noch lange nicht erklingt.

Für diesen Tag:

- Schreibe Deinen Psalm. Ein paar Worte Kostbarkeit, Dir selbst würdig.
- Bastle aus Zeitschriften eine Collage Deines Lebens. Spare nicht an Klebstoff und buchstabiere die Jahre, wie es Dir gefällt.
- Umhülle Dich mit Düften. Einer Königin gleich.

17. Dezember – Zuversicht

„Gott spricht: Ich will euch trösten, wie einen seine Mutter tröstet.“ Jesaja 66,13
– Jahreslosung für das Jahr 2016 –

Heilig

Ihr kleiner Zopf wippt auf und ab, während sie am Bahnsteigrand entlangbalanciert. Rechts-links-rechts-links hüpft das kleine blonde Mädchen im roten Wintermantel über die weiße Begrenzungslinie. Plötzlich liegt sie auf dem Asphalt. Gebremst mit den Händen zuerst. Eine Schrecksekunde, dann beginnt sie zu weinen. Laut, immer lauter. Und in diesem Weinen, Schluchzen und Wimmern scheint mit einem Mal der gesamte Weltschmerz einer 5-jährigen zu liegen.

Ihre Mutter, eine zierliche Frau mit ebenso blonden Haaren wie ihre Tochter, zögert keine Sekunde, läuft zu ihr, nimmt sie auf den Arm. Sie streicht ihr sanft über den kleinen weichen Zopf, flüstert tröstende Worte, wiegt ihr Kind ein wenig und beginnt zu summen. Leise, doch laut genug, dass auch ich es hören kann. „Heile, heile Gänschen, ist ja wieder gut …“, singt sie und ihre Stimme klingt dabei ganz warm. Es dauert nicht lange und das kleine Mädchen hört auf zu weinen. Sie wischt sich die Tränenspuren vom Gesicht, betrachtet ihre Handflächen, die zum Glück nur ein wenig aufgeschürft sind, und sagt dann laut: „Du kannst aufhören mit Singen, Mama. Ich bin jetzt wieder heilig.“

Für diesen Tag:

- Klettere auf eine Leiter aus Zuversicht und glaub daran, dass sie Dich trägt.
- Finde ein Wort für Dein Jahr. Suche in einer Zeitschrift oder Zeitung nach einem Wort, das Dir gefällt. Schneide es aus und häng es Dir an einen Lieblingsplatz. Über die Frisierkommode, in den Küchenschrank oder neben Deinen Lesesessel. Ein bisschen FREUDE, SOMMERZEIT oder ELEGANZ kann jeder gut gebrauchen.
- Vertraue.

SAUERKIRSCHE Mandel

WAFFEL

Bourbon-Vanille ZARTBITTER

Stracciatella Gebrannte Mandel

ALPENMILCH Kaffee Nuss TIRAMISU

Weiße Schokolade KOKOS Edelbitter

Herbe Sahne

Edelrahm

ERDBEER

Cappuccino

Sahne

CASHEW

Traube

Himbeer

Bratapfel

Vollmilch

KROKANT

Cranberry

Heidelbeer

Waldfrucht

CRISP

Pistazien

Nougat

KARAMELL

Ingwer

KONFEKT

Rumrosinen

Knusperkeks

Haselnuss Joghurt

Mocca

Lebkuchen Schokosplitter MARZIPAN

Mandel-Honig-Nuss ZIMT Bitter-Orange

CHILLI Mousse au Chocolat Praliné

18. Dezember – Glanz

Vom Glanz der Weihnacht

Gloria liebt Glitzer. Je mehr, desto besser. Ihr Weihnachtsbaum muss voll hängen mit Gold- und Silberkugeln und mächtig viel Lametta. Sonst ist es einfach kein richtiger Weihnachtsbaum, findet sie. Auf die Pralinen, die sie aus Schokolade und Marzipan formt, streut sie silberne Zuckerperlen und verziert sie manchmal mit einer Spur Blattgold. Im Treppenhaus hat sie die Fensterbänke mit Porzellanpuppen und Teddybären geschmückt, die in Schlitten sitzen. Haare und Fell sind von Silberfäden durchzogen und der Weihnachtsmann in ihrer Mitte hat einen mächtigen Rauschebart und kann sich vor- und zurückbewegen. Ein bisschen wie ein Schaukelpferd. Drückt man den richtigen Knopf, singt er sogar „Let it snow".

Gloria liebt ihr Zuhause. Sie genießt es, es sich auf ihrem weißen Ledersofa gemütlich zu machen. Umringt von bestickten und gehäkelten Zierkissen. Aus einer blumengemusterten Tasse trinkt sie gern süßen Tee und gönnt sich dazu auch das ein oder andere Plätzchen. Für Gloria ist das Advent. Das Gefühl, in einer perlenbesetzten Schatulle zu wohnen und niemand, wirklich niemand nimmt ihr etwas davon weg. Doch alles muss perfekt sein. Kein Staubkörnchen darf sich auf den Beistelltischchen und in den Glasvitrinen befinden. Weil das viel Zeit in Anspruch nimmt, hat Gloria ihren Job aufgegeben. Sie können sich das erlauben, sie und Günther.

Wenn Gäste kommen, backt Gloria große mit Vanillecreme gefüllte Sahnetorten, auf denen Rentiere aus Marzipan Schlittschuh laufen, und die Servietten sind zu langhalsigen Schwänen geformt. Ihre Freundinnen loben Gloria sehr für ihre Kreativität und ihr Geschick. Hinter Glorias Rücken nennen sie sie allerdings häufig etwas gehässig „Gloria, die Elster". Alles, was glitzert, muss Gloria besitzen. Auch Glorias Mann Günther schüttelt oft den Kopf und verdreht die Augen, wenn seine Frau wieder ein paar neue Kerzenständer und Porzellanteller mit nach Hause bringt: „Wo soll das um Himmels Willen alles hin, Gloria?" Doch er liebt sie zu sehr, um ihr auch nur ein Stück aus ihrem Prinzessinnenschrein zu entreißen. Und um Geld müssen sie sich nun wirklich nicht sorgen.

Meiner Frau soll es an nichts mangeln, hatte Günther bereits am Anfang ihrer Ehe gesagt. Dieses Versprechen hat er gehalten. Gloria ist glücklich. Nur manchmal, wenn sie das Bett von all den Kissen befreit hat und unter ihrer Daunendecke liegt, überkommt sie ein Gefühl der Ruhelosigkeit. Als suche sie etwas, von dem sie selbst noch nicht genau weiß, was es ist.

Doch in diesem Jahr ist alles anders. Der Advent hat bereits begonnen und Gloria ist unterwegs in der Stadt. Sie sucht Geschenke. Für Geschwister, Nichten und Neffen und auch ein paar für sich selbst. Als Belohnung für die vielen Besorgungen und Mühen, die sie sich macht, damit auch wirklich alles schön ist. Perfekt. Damit wirklich Weihnachten sein kann.

In einer Boutique im Stadtkern hält sie sich besonders gern auf. Die Verkäuferin reicht ihr mit freundlichem Lächeln ein Glas Champagner und Gloria verschnauft ein paar Minuten auf dem Vintage-Sofa im Eingangsbereich. Die Regale sind geschmackvoll hergerichtet. Farblich aufeinander abgestimmt ergänzen sich Einrichtungsgegenstände und Kleidungsstücke. Ein Schal sollte schließlich zur Vase im Wohnzimmer passen, da ist Gloria ganz einer Meinung mit der Ladenbesitzerin.

Doch mit einem Mal wird Gloria flau im Magen. Erst denkt sie, es wäre der Champagner. Das Frühstück ist schon eine ganze Weile her und sie ist bereits seit ein paar Stunden mal in warmen Geschäften, dann wieder auf der kalten Straße. Mit zitternden Händen stellt sie das Glas auf den Beistelltisch und atmet ein paar Mal tief durch. Das Geschäft beginnt sich um sie herum zu drehen. Gleißend helles Licht scheint auf sie einzustürzen. Eine Woge aus Gold und Silber nimmt ihr die Luft. Gloria schließt die Augen. Ihr ist speiübel. Mit einem Mal bekommt sie es mit der Angst zu tun. Worte wie Schlaganfall, Herzinfarkt und Nervenzusammenbruch schießen ihr durch den Kopf. Leise hört sie die Stimme der freundlichen Verkäuferin, dann ist alles schwarz.

Als Gloria erwacht, liegt sie ausgestreckt auf dem Vintage-Sofa, das zugegebenermaßen ganz schön unbequem ist. Die Sprungfedern bohren sich in ihre Schulterblätter und Glorias Füße hängen wenig grazil über der Armlehne. Peinlich berührt richtet sie sich auf. „War wohl nur der Kreislauf. Es geht mir schon viel besser", erklärt sie der besorgten Verkäuferin, verwehrt jede Hilfe und ist froh, als sie wenig später wieder zu Hause ist. Die Tüten mit den Weihnachtseinkäufen lässt sie unbeachtet neben der Haustür stehen und kickt ihre Stöckelschuhe in eine Ecke. War sie eben noch schwach und etwas wacklig auf den Beinen, macht sich nun eine ungeheure Energie in ihr breit.

Sie eilt in den Keller, wo sich fein säuberlich geordnet eine ganze Sammlung von Pappkartons, Schachteln und parfümierten Tüten befindet. Hastig greift sie soviel davon, wie sie tragen kann, und rennt damit ins Wohnzimmer. Planlos packt sie Kerzenständer, Porzellanpuppen, Spitzendeckchen und Blumenvasen in Kartons und stopft sie in die Tüten. Auf einmal ist ihr alles zu viel. Nichts will sie mehr besitzen. Gar nichts. Das Glitzern macht ihr Kopfschmerzen und von all dem Kitsch wird ihr schlecht. Zu viel, denkt sie. Viel zu viel. Ihr Herz klopft schnell. Kiste um Kiste füllt sich mit den Dingen, die Gloria all die Jahre liebevoll ausgesucht hat. Sie fühlt sich erdrückt von ihrem Besitz. Das Nest der Elster scheint zu voll. Sie selbst hat keinen Platz mehr darin. Das Glas des Bilderrahmens, in dem sich ein Foto von Williams und Kates Hochzeit befindet, knackt kurz und zerbricht. Gloria schneidet sich an einer Scherbe und ein paar Tropfen Blut landen auf dem weißen flauschigen Teppich zu ihren Füßen. Es stört sie kein bisschen.

Erst als Günther ein paar Stunden später aus dem Büro kommt, erwacht Gloria langsam aus ihrem tranceartigen Zustand. Ihr Mann ist sprachlos. Mit offenem Mund steht er im Türrahmen und betrachtet die Wohnung, die sich binnen weniger Stunden komplett verwandelt hat. Leere Regale und Tische stehen neben dem von Kissen und Decken befreiten Sofa. „Gloria, Schatz?“, fragt er mit zitternder Stimme „Was ist denn passiert?“

„Ich räume auf“, sagt Gloria nur leise. Ihr Herzschlag hat sich wieder normalisiert und mit jedem Stück, das in einer der Kisten verschwunden ist, ist auch die Übelkeit weiter von ihr gewichen.

Am Abend sitzen sie schweigend in der Dunkelheit ihrer Wohnung. Gloria will kein Licht anmachen und keine Musik. Aus einem der Kartons hören sie das Ticken einer goldverzierten Uhr. Günther ist immer noch sprachlos ob der Wegschmeißwut seiner Frau. „Weißt du, Günther, was ich mit einem Mal begriffen habe?“, fragt Gloria in die Stille des Raumes hinein. „Es bringt nichts, dem Glanz der Weihnacht nachzujagen und schon gar nicht, ihn für alle Ewigkeit festhalten zu wollen. Ich selbst kann dieser Glanz sein. Das weiß ich jetzt.“

Für diesen Tag:

- Schau in den Spiegel. Was siehst Du? Vielleicht schon einen ersten Weihnachtsglanz in Deinen Augen?
- Lass ein Stück Sommer in Deinen Dezember. Entdecke ihn im Gesicht einer Freundin. Manche Sommersprossen bleiben auch im Winter. Schau Dir Urlaubsfotos an und erinnere Dich an den Duft der Sonnencreme auf Deiner Haut. Finde den Sommer im Supermarkt: Einen roten Tee mit dem Namen „Sommerliebe“ gibt es dort ganz sicher. Und der schmeckt auch an kalten Winterabenden.
- Hülle Dich in Schweigen.

19. Dezember – Zeit

Was es braucht

Lang schon erwartet
In Ewigkeit gehüllt
Allerorts bekannt
Und dennoch
Umgibt dich ein Geheimnis
Du Kind in der Krippe
Aller Anfänge Anfang
Wunscherfüller
Sehnsuchtsmensch
Wie soll ich Dich empfangen?
Sag es mir
Flüster in meine Träume
Deinen Segen
Damit er mich umgibt
Und Weihnachten wird

Schafsweihnacht

Als Kind wollte ich im Krippenspiel am liebsten eines der Schafe sein. Und müsste ich mich heute für eine Rolle entscheiden – vielleicht wäre es immer noch die gleiche.

Ich bin nicht weise und wohlhabend wie die Magier aus dem Morgenland und manche Engel erscheinen mir zu abgehoben. Eher fühle ich mich den Schafen der Weihnachtsgeschichte nah. Den weichen, blökenden Wegbegleitern, die ganz selbstverständlich dazugehören und in jeder Krippendarstellung einen Platz finden. Sie sorgen für Wärme im Stall und übernehmen dabei doch keine allzu tragende Rolle. Jedenfalls auf den ersten Blick nicht.

Manchmal benehme ich mich, dem Volksmund nach, wie ein Schaf, ein bisschen einfältig. Wenn ich Sachen sage, die ich gar nicht so meine. Wenn es einfach so aus mir herausgeblökt kommt. Unbedacht, als hätte ich nichts zu verlieren.

Auch kann ich lammfromm sein. Liebevoll und zärtlich. Ausgelassen und verspielt stolpere ich durch mein Leben. Grase mal hier, mal dort, und brauche dabei manchmal ein dickes Fell.

Ich liebe das Meer und den Deich. Stundenlang kann ich darauf entlangspazieren, mir den Wind um die Ohren pusten lassen und bin dabei einfach ganz vollkommen. Ohne Sorge.

Doch mit einem Hirten an meiner Seite fühle ich mich sicherer. Einer, der mir eine Richtung weist, mich in Zaun und Zaum hält. Einer, der den Überblick behält und dafür sorgt, dass es mir an nichts mangelt.

Nicht selten bin ich ein Herdentier, Teil einer Gemeinschaft. Geschätzt und gebraucht. Denn zusammen ist man weniger allein.

Doch was ich am liebsten an den Schafen mag, ist ihre Gelassenheit. Als hätten sie alle Zeit der Welt. Ein Stück grüne Wiese hat sich bisher noch überall gefunden. Zum Leben brauchen sie nicht viel und haben doch einen Platz darin. Sie vertrauen auf etwas Höheres. Einer wird sie leiten.

Und so denke ich an diesem Dezembertag an einen Psalm Davids, den dreiundzwanzigsten, um genau zu sein, in dem es heißt: „*Der Herr ist mein Hirte, darum leide ich keinen Mangel. Er bringt mich auf Weideplätze mit saftigem Gras und führt mich zu Wasserstellen, an denen ich ausruhen kann. Er stärkt und erfrischt meine Seele. Er führt mich auf rechten Wegen und verbürgt sich dafür mit seinem Namen.*“

Als Kind wollte ich im Krippenspiel am liebsten eines der Schafe sein. Vielleicht, weil ich ahnte: Die Schafe spielen nur eine Nebenrolle und sind Gott doch eigentlich am nächsten.

Für diesen Tag:

- Nimm Dir Zeit. Für einen Radiopodcast und hundert Bürstenstriche.
- Sei behutsam. Wie ein Hirte seine Lämmchen hütet, streife auch Du Dir Samthandschuhe über und übe Dich in Sanftheit.
- Zieh Dir Deinen dicksten Mantel an. Handschuhe und Mütze besser auch. Wage ein paar Schritte durch die kalte Abendluft. Klirrt Kälte wirklich?

20. Dezember – Liebe

und während draußen vielleicht die welt untergeht
an angeln gerät, was gerade noch frei im wasser
schwamm
während menschen ihre hoffnung verlieren
ihre liebe und vielleicht sogar ihr leben
während es tag und wieder nacht wird
und die zeit nie schläft
während mir das alles nicht egal ist
bei weitem nicht
zieh ich mich einen moment heraus
bin betrachter meines eigenen kinofilms
bleibe sitzen
bis zum letzten wort des abspanns
will nur hier sein
allein
mit dir
und unserem kleinen glück
das sein darf
welch segen

Liebe ist …

Weihnachtspost im Briefkasten ♥ Schokolade in Schuhe zu schieben ♥ Sissi statt Tatort ♥ warme Füße unter der Bettdecke ♥ zuhören zu können ♥ einem Stern zu folgen ♥ zwei Paar Schuhe, die auf den Nikolaus warten ♥ Kitsch nicht kitschig zu finden, sondern romantisch ♥ dankbar sein zu können ♥ einen Walzer in der Fußgängerzone zu tanzen ♥ den Himmel auf Erden zu entdecken ♥ Lebkuchen zum Frühstück ♥ ein Kuss und ein Kreuzzeichen auf die Stirn ♥ Wimpernwegpusten und Wünschen ♥ vergeben zu können ♥ duftender Marmorkuchen ♥ Hände, die sich in der Dunkelheit finden ♥ ein gedeckter Abendbrottisch ♥ ein lächelndes Gesicht im Spiegel ♥ letztlich ohne Garantie ♥ ein selbstgebastelter Adventskalender ♥ Paradiesäpfel auf dem Weihnachtsmarkt ♥ ein Ring am Finger ♥ ein ernst gemeintes „Halleluja!“ ♥ den Weg nach Hause zu wissen ♥ Kleidung *Fair Trade* zu kaufen ♥ „Trotzdem!“ zu sagen und „Trotzdem!“ zu meinen ♥ ein erstes Ultraschallbild ♥ sich von guten Mächten wunderbar geborgen zu fühlen ♥ eine Gleichung aus Herzen ♥ mehr als ein Ja und ein Amen ♥ glühweinwarme Wangen ohne Glühwein ♥ für die Seele zu sorgen ♥ ein gutes Ende ♥ atemlos zu sein vor Glück ♥ selbstgestrickte Socken ♥ eine Geschichte zum Einschlafen ♥ das Ende der Sehnsucht ♥ ein Nachtlicht in der Steckdose ♥ geschenkte Jahre ♥ Gewohnheiten nicht langweilig zu finden, sondern wohnlich ♥ in Wolken Bilder zu entdecken ♥ Haut zu fühlen ♥ an frohe Botschaften zu glauben ♥ Wache zu halten, bis ein anderer schläft ♥ allein sein zu können ♥ ein Weihnachtsstern auf dem Fensterbrett ♥ mutig zu sein ♥

eine Bibel auf dem Nachttisch ♥ Versprechen zu halten ♥ mit warmen Händen gekneteter Hefeteig ♥ pochende Herzen ♥ Worte auf die Goldwaage zu legen, aber nicht immer ♥ Brötchenkrümel im Bett nicht schlimm zu finden ♥ der Vorgeschmack auf's Paradies ♥ ein weichgekochtes Bioei ♥ warten zu können ♥ Wunderkerzen und Feuerwerk ♥ In einem Stall geboren zu werden. Für die ganze Welt.

Liebesgrübchen ♥

Manche nennen sie Ochsen- oder Engelsaugen. Bei uns aber heißen sie Liebesgrübchen. Kleines, feines Gebäck aus einfachen Zutaten, in das eine Kuhle geformt wird. Für einen Klecks Himbeergelee. Gerade so viel, wie ein Kuss wiegt. Lass es Dir schmecken ...

Zutaten:

175 g	Mehl
65 g	Zucker
1 Päckchen	Vanillezucker
2	Eigelb
125 g	Butter
100 g	Himbeergelee

Zubereitung:

Knete aus Mehl, Zucker, Vanillezucker, Eigelb und der Butter einen Mürbeteig und lege ihn für 2 Stunden in den Kühlschrank. Anschließend forme den gekühlten Teig zu kleinen Kugeln. Drücke in jede Kugel mit einem Teelöffel eine Vertiefung ein und fülle diese mit Himbeergelee. Backe die Plätzchen bei 175°C ca. 10-15 Minuten, bis sie hellgelb sind. Fertig! ☺

Für diesen Tag:

- Sei aufmerksam. Wer sitzt in der Straßenbahn neben Dir? Sieht er traurig aus? Zufrieden? Was wäre, wenn Ihr Euch kennen würdet? Vielleicht würdet Ihr zusammen einen Kaffee trinken gehen oder Weihnachtsgeschenke kaufen?
- Küsse.
- Gönn Dir Kitsch. Spare nicht an Lametta. Der Advent darf glitzern. Das Porzellanreh mit verträumten Augen macht sich wunderbar auf der Fensterbank und *„Tatsächlich Liebe“* ist eigentlich gar nicht so kitschig, wie Männer immer sagen.

21. Dezember – Stille

Am Ende des Tages
kommt mein Herz zur Ruhe,
lege ich meine Gedanken ab,
die schweren,
und mache aus einem Tag in Moll
eine Nacht in Dur.

Reihe acht

Carla atmete tief durch und sog dabei diesen ganz besonderen Duft ein. Nach Geschichten duftete es, nach Schweiß, Tränen und auch nach einem Hauch von Ruhm. Unvergleichlich war dieser Geruch und seit sie denken konnte einer ihrer vertrautesten Eindrücke.

„Du bist für die Bühne geboren", hatte ihr Vater oft gesagt und ihr dabei stolz über das Haar gestrichen. Nicht eine Vorstellung seiner Tochter hatte er verpasst. Sogar nachgereist war er ihr, als sie mit ihrem Ensemble eine kleine Deutschlandtour gemacht hatte. Immer war er einer der schemenhaften Umrisse im Publikum und fast immer saß er in Reihe acht, die in jedem Theater aus unerfindlichen Gründen seine Lieblingsreihe war. Carla hatte es gutgetan, ihn unter den fremden Menschen zu wissen. Sein Stolz und seine Anerkennung hatten sie mutig gemacht und zu immer neuen Höhenflügen angetrieben. In den Feuilletons der Zeitungen wurde sie als die Newcomerin der Theaterwelt gehandelt. Niemand schrieb, dass sie auch schon als Fünfjährige auf der Bühne gestanden hatte, die Theaterwelt genau genommen eigentlich schon immer ihre Welt gewesen war. Nur der Erfolg war neu dazugekommen. Der Erfolg, den ihr Vater ihr schon ganz früh prophezeit hatte: „Irgendwann werden auch die Kritiker merken, wie talentiert du bist, Carla", hatte er ihr versichert. Zuversichtlich wie eh und je.

Doch nun war ihr Vater tot. In Reihe acht saßen nur noch fremde Gestalten. Schattenhafte Wesen, die Carla gegen das Scheinwerferlicht nicht erkennen konnte. Nach ihrem erschütternden Verlust hatte Carla in Erwägung gezogen, die Bühne zu verlassen. Für immer. Nicht erzählenswert erschienen ihr die Geschichten und Charaktere, wenn doch ihr treuester Zuschauer sie nicht mehr sehen und hören konnte. Doch nach einigen Wochen Pause hatte Carla feststellen müssen, dass sie nicht ohne konnte. Wollte sie weiterleben, führte kein Weg am Vorhang vorbei.

Mit leisen Schritten betrat sie die Bühne. Noch war sie allein hier. Erst in ein paar Stunden würden die Lichter sie anstrahlen, der Vorhang zur Seite gleiten und die Zuschauerränge würden bis auf den letzten Platz gefüllt sein. Noch war sie Carla. Einfach Carla. Mit ihrer eigenen Frisur, ihrer eigenen Leggings und ihren eigenen Gedanken.

Der Boden unter ihren Füßen knarzte ein wenig. Carla kannte ihn nur zu gut, wusste genau, welche Stellen sie während der Vorstellung betreten musste, um das Knarzen herbeizuführen oder zu vermeiden.

Sie ließ sich langsam hinuntergleiten, legte sich auf den Rücken und blickte an die Decke. Je länger sie so dalag, alle Glieder weit von sich gestreckt, spürte sie, wie sie ruhiger wurde. Ihr Herzschlag wurde gemächlicher und sie fühlte sich, als würden aus ihren Beinen Wurzeln sprießen, die sich einen Weg immer tiefer in den Bühnenboden suchten.

Seit Carla regelmäßig auf den Brettern stand, die für sie die Welt bedeuteten, pflegte sie dieses Ritual: Das Ruhigwerden hinter dem Vorhang. Das bewusste Atmen. Nur sie und die Stille und die Geschichten, die sie in wenigen Stunden auf der Bühne zum Leben erwecken würde. Für ein Publikum und für sich selbst.

Carla dachte an ihren Vater, der viel Zeit in seiner

Holzwerkstatt verbracht hatte. Alleine. Nur er zwischen all den Schrauben, Dübeln und Sägespänen. „Ich suche die Stille“, hatte er ihr erklärt. Das Arbeiten mit Holz war für ihn Meditation. Keine Musik brauchte er dazu, keine Klangschalen und keine Räucherstäbchen. „Es reicht, wenn du einen Ort findest, an dem du die Stille aushalten kannst. Sie dir nicht wehtut, sondern gut.“

Inzwischen wusste Carla, wie Recht er damit hatte. Sie liebte das aufgeregte Gerede in der Maske, die laute Musik während einer Inszenierung und die weinseligen Premierenfeiern in ihrer Lieblingsbar. Doch genauso liebte sie die Stille. Das Innehalten- und Aushalten-Können.

Carla blickte in den Zuschauerraum. Reihe um Reihe reihten sich die gepolsterten Sitze, in denen man so schön versinken konnte, aneinander.

In Reihe acht saß ihr Vater.

Und lauschte der Stille.

Für diesen Tag:

- Sprich ein Gebet. Leise, nur für Dich. Vielleicht gerade so lang wie Toastscheibenbräunungszeit.
- Streiche über den zarten Flaum von Weidenkätzchen.
- Höre. Auf nicht gesagte Worte. Auf das Pochen Deines eigenen Herzens. Auf das Fallen des ersten Schnees. Höre. Auf.

22. Dezember – Kleinod

Heute
Ganz plötzlich
Zwischen den Zeilen
Hab ich Dich entdeckt
Gott

#dnkgtt

Stell Dir vor, Du würdest versuchen, dein Leben in 140 Zeichen unterzubringen. Wie in einem Tweet bei Twitter zum Ausdruck bringen, was Dich beschäftigt, was Dir wichtig ist.

Stell Dir vor, Du würdest versuchen, in nicht mehr als 140 Zeichen zu beschreiben, was für dich Gott ist und was die Welt.

Stell Dir vor, Du würdest in 140 Zeichen erklären, warum Du es wert bist, geliebt zu werden.

Stell Dir vor, Du hättest 140 Zeichen zur Verfügung, um ein Plädoyer für den Frieden zu halten.

Und stell Dir vor, mit 140 Zeichen könntest Du dem Hunger der Welt ein Ende machen.

Stell Dir vor, 140 Zeichen, Buchstaben bloß, würden genügen, allen gerecht zu werden. Gerechtigkeit zu schaffen. Niemand soll sich sorgen, niemand soll mehr wollen als ihm zusteht, niemand soll sein Leben lassen müssen für die Ideologie eines anderen.

Wenn du 140 Zeichen hättest. Geschenkt. Einfach so.

Welche Zeichen würdest Du wählen?

Verheißung

Schon immer hatten Kirchen eine besondere Anziehungskraft auf sie besessen. Sie machten sie ruhig und zufrieden. Wo immer sie war, in jeder fremden Stadt, in jedem noch so kleinen Dorf: Es waren die Kirchen, die sie einzuladen schienen. Und sie öffnete gespannt die verheißungsvollen Türen, als läge vor ihr ein Adventskalender. Sie ging durch großartige Portale und in kerzenlichtdurchströmte Räume und stand inmitten von Mauern, die Menschen vor ihrer Zeit gebaut hatten, um sich ein Stück Himmel auf Erden zu schaffen – jedenfalls hoffte sie das. Sie lauschte gerne ihren eigenen nachhallenden Schritten, leiser Orgelmusik oder einfach der Stille, die alles überdeckte und einen vergessen ließ, welch ein Trubel noch draußen vor den Türen geherrscht hatte.

Heute hatte es sie in eine kleine Dorfkirche gezogen, die von außen ganz unscheinbar gewirkt hatte. Auf einer der hölzernen Kirchenbänke ließ sie sich nieder und richtete den Blick nach oben. In die Weite. Sie betrachtete voll Bewunderung die bunt bemalten Fenster und das sich darin brechende Licht. Goldverzierte Apostel-darstellungen und Putten an jeder Säule.

Wie eine Schatztruhe, ging es ihr durch den Kopf. Gefüllt mit Schätzen, die nur der fand, der danach suchte.

Sie legte den Kopf in den Nacken und atmete tief ein. Weihrauch hing zwischen den Mauern und machte sie ein wenig schläfrig. Am Abend würde hier ein Konzert stattfinden. Einige eilfertige Menschen legten bereits Programmheftchen auf jede Bank.

Vielleicht bleibe ich einfach hier, dachte sie. Warum eigentlich nicht? Inmitten dieser Schatzkammer ließ es sich bestimmt gut warten. Eine Kerze könnte sie anzünden, für alle die, die ihr am Herzen lagen und gerade nicht hier waren. Und für alle die, die weit fort von ihr, unbekannt, Angst hatten und sich vielleicht nach eben einer solch friedlichen Schatzkammer sehnten.

So erhob sich die alte Dame, deren Körper von Jahren voller Arbeit, Anstrengung und Verlusten gezeichnet war, und die sich doch ein Stück Leichtigkeit bewahrt hatte.

Während sie eine Kerze nach der anderen entzündete, kamen ihr die Worte in den Sinn: *Geheiligt werde dein Name, dein Reich komme,* und ließen sie lächeln.

Für diesen Tag:

- Überlege, was für Dich Seltenheitswert hat. Und warum.
- Geh in eine Kirche. Schnuppere weihrauchschwere Luft. Tauche deine Finger in das Weihwasserbecken. Schau Dir die Marienstatue aus der Nähe an. Blättere vorsichtig in Liederbüchern. Zünde eine Kerze an. Oder lausche einfach nur dieser kostbaren Stille.
- Wenn Du einen Reiseführer Deines Lebens schreiben würdest: Was wären darin die Sehenswürdigkeiten?

23. Dezember – Erinnerung

Der Advent schmeckt

Wenn ich die ersten Lebkuchen des Jahres esse, ist für mich Advent. Manchmal kann er daher auch schon Ende Oktober beginnen. Dann nämlich, wenn ich im Supermarkt den Kampf verliere und nicht mehr länger an den schokoummantelten Herzen, Sternen und Brezeln aus saftigem Lebkuchenteig vorbeigehen kann, die dort eigentlich schon seit dem Spätsommer auf mich warten.

Für mich schmecken sie nach Advent. Nach Erinnerung an Kindertage, an denen ich an einem verregneten Mittwoch im Dezember von der Schule nach Hause komme und dort eine Dose, randvoll mit duftenden Lebkuchen, öffnen darf. In den großen Erkerfenstern im Esszimmer unseres Hauses hingen Tannenzweige und an den Scheiben klebten gelbe Sternchen. Für jeden Tag im Advent einer. Auf den Treppenstufen nach oben standen große Gefäße mit Kerzen darin und an der Haustür hieß ein Engel aus Holz unsere Besucher willkommen. Manchmal duftete es auch nach Kinderpunsch, in dem eine Zimtstange schwamm, und auf der Heizung trockneten Orangenscheiben vor sich hin. Im Hintergrund lief die *December*-CD von George Winston und unser Adventskalender war ein Tannenbaum aus Holz. Mit der Laubsäge gesägt und mit kleinen selbstgenähten Säckchen behängt, in denen sich jeden Tag ein kleiner roter Zettel verbarg. Unsere

Adventsstunden waren das. Wir nahmen uns Zeit füreinander und miteinander. Mal zum Plätzchenbacken, mal zum Basteln von Geschenken für unsere Taufpaten, mal für einen Besuch auf dem Weihnachtsmarkt oder für eine Weihnachtsgeschichte. Eng aneinandergekuschelt auf dem Sofa und mit einer Tasse Kinderpunsch in den kleinen Händen lauschten wir der Stimme meiner Mutter. So fühlte sich Zuhause an. Genau so.

Wenn ich heute an meine Kindheit denke, denke ich besonders oft an die Adventszeit. In meiner Erinnerung war alles lichterfüllt und duftend. Heile heilige Kinderweihnachtswelt. Nie hatte ich das Gefühl, meine Eltern wären gestresst von Weihnachtseinkäufen, Geschenkelisten oder Blockflötenkonzerten. Schön machten sie es mir und meinen Schwestern und dafür bin ich ihnen bis heute dankbar.

Manches habe ich übernommen. Auch in unserer kleinen Pärchenwohnung in Berlin hängen Sternchen an der Scheibe. Für jeden Tag im Advent kommt einer dazu. Kinderpunsch mag ich immer noch und Lebkuchen sowieso. Vielleicht werden wir in ein paar Jahren selbst Kinder haben. Und ich weiß schon jetzt: Auch sie sollen so eine Weihnacht erleben, Sternstunden im Advent. Und es liegt in unserer Verantwortung, ihnen Erinnerungen zu schenken, von denen sie ein Leben lang zehren.

Lebensalter

Über dem Holzsekretär in ihrem Wohnzimmer hängt eine Schwarz-Weiß-Fotografie. Sie zeigt ihr Haus, wie es war, als die Zimmer noch nach frischer Farbe dufteten, der Kirschbaum im Garten gerade so groß war wie Frieda, als sie in die Schule kam, und sie sich erst an ihr neues Zuhause gewöhnen mussten. Es dauerte einige Zeit, bis es sich mit Leben füllte, wirklich Heimat wurde.

Inzwischen hängen unzählige Erinnerungen an diesem Haus. Ihre Herzen pochen zwischen den Wänden.

Auf der Schaukel im Garten hat lange keiner mehr gesessen. Sie weiß nicht mehr, wie es sich anfühlt, wenn man Schwung holt und der Wind einem ums Gesicht fegt. Wie die Welt dann von oben aussieht. Sie hat den Mut verloren, sich auf das schmale Brett zu setzen und loszuschaukeln. Zu groß ist die Angst vor dem Sturz. Zu groß die Angst, in einem Krankenhauszimmer zu landen und ihr Haus, ihr Leben, wie es jetzt ist, verlassen zu müssen. Für immer vielleicht.

Heute bleibt sie ohnehin lieber am Boden. Hier fühlt sie sich sicher, hier gibt sie Sicherheit.

Sie hört ihn im Badezimmer seine Tablettendose öffnen. Jedes Geräusch ist ihr vertraut. Nur seine Bewegungen sind mit der Zeit langsamer geworden, behutsamer. Genau wie ihre.

In ihrem Haus duftet es nach Zimtsternen und Vanillekipferl. Morgen kommen Frieda und die Enkel. Alles soll schön für sie sein. Das Haus, auch ihnen ein Stück Heimat.

Sie steht am Fenster und hält sich mit einer Hand an der Stuhllehne fest. Draußen wird es bald dunkel. Auf die kahlen Äste des Kirschbaums hat sich eine weiche Decke aus Schnee gelegt.

Seine Hände liegen jetzt auf ihren Schultern, werden dort ruhig, zittern nicht mehr. Sie spürt seine Wärme und fühlt sich geborgen, denkt: Zuhause.

Wie lange haben wir noch? Manchmal schleicht sich diese Frage in ihr Herz. Doch mit einem Wimpernschlag ist sie vergessen. Gerade hängt sie zu sehr an diesem Leben.

Für diesen Tag:

- Schließe die Augen und lass das Jahr an Dir vorüberziehen. Was war wichtig für Dich?
- Erinnere Dich an Deine Kindheit. Welche Weihnachtslieder spieltest Du bei Deinem ersten Blockflötenkonzert? Wie fühlte sich der Moment an, kurz bevor Du ins Weihnachtszimmer durftest? Welches Essen gab es am Heiligen Abend?
- Geh auf die Suche. Auf dem Dachboden, in einer Fotokiste oder in Deinem Kleiderschrank. Was begegnet Dir?

24. Dezember – Wunder

Wunsch
Dein Herz schlägt im Takt der Zeit
Deine Ankunft wird sehnlichst erwartet
Dein Name ist in aller Munde
Dein Leben ist ansteckend
In dir blüht alles Licht
Durch dich wird die Welt neu
Du bist ein Geschenk
– Kind

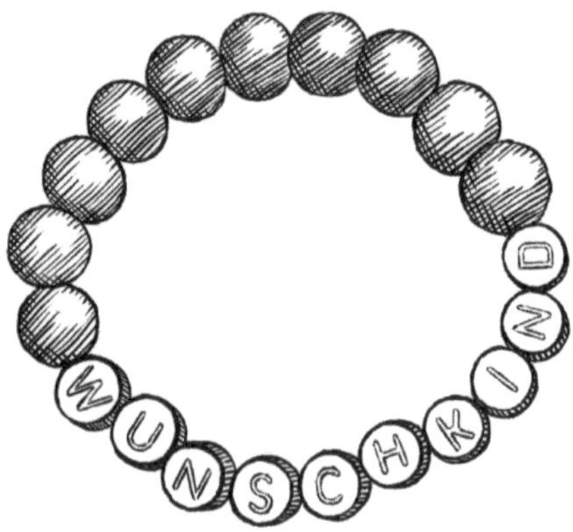

Was es ist

Ein Wunder ist immer ein Anfang. Und ein Anfang ist immer ein Wunder.

Ein Wunder ist, wenn es plötzlich an der Tür klingelt und aus Einsamkeit eine Herberge wird.

Ein Wunder ist, wenn aus einer alten Tradition eine neue wird.

Ein Wunder ist, das Leben mutig in die Hand zu nehmen.

Ein Wunder ist, sich nicht unterkriegen zu lassen.

Ein Wunder ist ein Geschenk.

Ein Wunder ist ein Engel, dessen Flügel man vielleicht nicht sieht, aber spürt.

Ein Wunder ist der Anfang vom Paradies.

Ein Wunder ist stille Post im Briefkasten.

Ein Wunder ist, die Weihnachtsgeschichte in der S-Bahn zu entdecken.

Ein Wunder ist nicht immer gleich perfekt.

Ein Wunder ist, wenn Dir Gott in seinem Garten ein Plätzchen frei hält.

Ein Wunder ist ein Licht in der Dunkelheit.

Ein Wunder ist, wenn auf Trauer Trost folgt.

Ein Wunder ist, drei Wünsche frei zu haben und zwei zu verschenken.

Ein Wunder ist ein Rettungsboot.

Ein Wunder ist Zuversicht, die heilig macht.

Ein Wunder ist Glanz.

Ein Wunder ist, sich von einem Hirten geleitet zu fühlen und Mangel nicht zu kennen.

Ein Wunder ist die Liebe. Und immer wieder die Liebe.

Ein Wunder ist ein Gast in Reihe acht.

Ein Wunder ist manchmal hinter verheißungsvollen Türen verborgen.

Ein Wunder ist, wenn man Erinnerung schmecken kann.

Ein Wunder ist, dass es immer noch Hoffnung gibt. Jeden Tag, irgendwo auf der Welt. Eine kleine Prise Hoffnung.

Das ist ein Wunder.

Für diesen Tag:

- Häng an WUNDE ein R. Und freu Dich über dies WUNDER.
- Lade jemanden ein. Freunde oder Nachbarn oder Fremde. Denn zusammen ist man weniger allein.
- Verzichte auf Worte. Staune.